流量营销

董小白 著

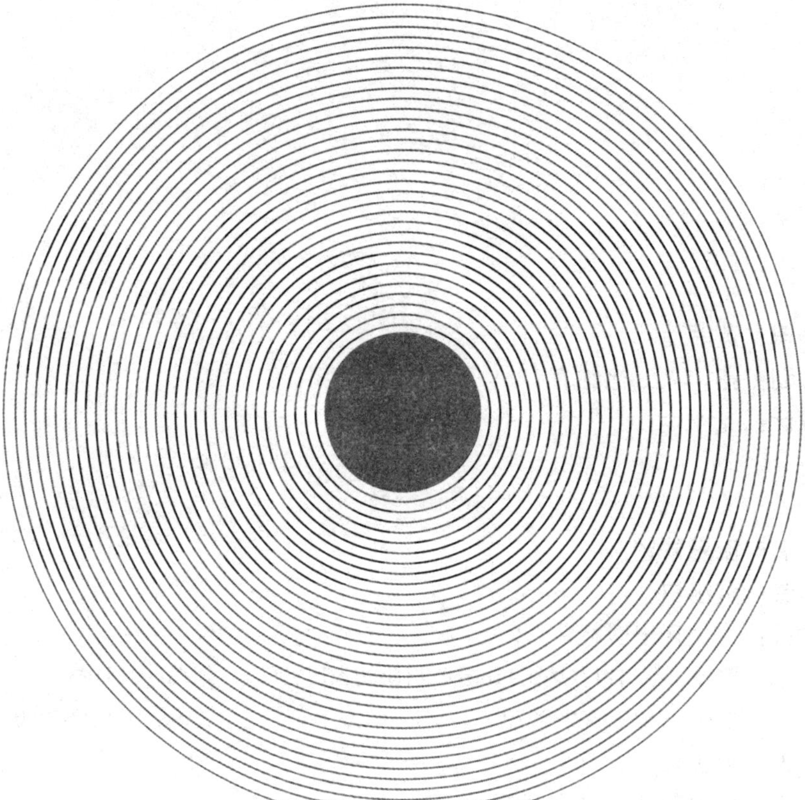

古吴轩出版社

图书在版编目（CIP）数据

流量营销 / 董小白著. -- 苏州 ：古吴轩出版社，2021.3
ISBN 978-7-5546-1696-3

Ⅰ. ①流… Ⅱ. ①董… Ⅲ. ①网络营销 Ⅳ. ①F713.365.2

中国版本图书馆CIP数据核字（2021）第014773号

责任编辑：黄菲菲
策　　划：花　火　徐红有
装帧设计：尧丽设计

书　　名：流量营销
著　　者：董小白
出版发行：古吴轩出版社
地址：苏州市八达街118号苏州新闻大厦30F　　邮编：215123
电话：0512-65233679　　传真：0512-65220750
出 版 人：尹剑峰
印　　刷：衡水泰源印刷有限公司
开　　本：710×1000　　1/16
印　　张：13.5
字　　数：191千字
版　　次：2021年3月第1版　　第1次印刷
书　　号：ISBN 978-7-5546-1696-3
定　　价：47.00元

前言

PREFACE

在移动互联网时代，“流量”已经成为各行各业都绕不开的话题，甚至可以说，流量是一切营销的基础。无论是个人商户、传统企业，还是新兴的互联网公司，想要在短时间内让产品被更多的用户知晓，在市场上引起强烈的反响，并最终收获一批忠实的粉丝，就离不开精准有效的流量营销。

腾讯的产品虽然免费供用户使用，但是腾讯因为拥有了足够多的流量，所以成了行业巨头；百度也是供人们免费查阅各种信息、资料的，由于庞大的用户基数，仅靠做广告就能赚到很多钱；天猫、京东的各种节日活动，商品看似低价，然而因为流量足够多，所以商家仍然是有盈利的；粉丝基数庞大的网络主播，通过一场直播带货就能获利不少。

在这个流量为王的时代，谁拥有了流量，谁就能快速获得利润，提升商业价值。拥有了流量，一个运营不善即将倒闭的商家，也能够迅速获得利润，重获新生；而没有流量，在这个“酒香也怕巷子深”的时代，即使有好的产品与服务，也没有人知道，没有人去买单，企业还是会面临各种资金问题。

如今，用户获取信息资源的途径越来越广。如何在信息爆炸的时代背景下，争夺用户有限的时间，并留住这些用户资源，是企业需要考虑的问题。

当然，获取流量仅仅是个开端；让这些流量得到转化，实现闭环购买，达到品效合一的营销目的，才是企业的最终目标。

百雀羚的一篇名为《一九三一》的文章，拥有3000万+的阅读量，转化率却不到0.00008。虽然它在社交平台引起了刷屏级的效果，引起了人们的关注与讨论，也再次让人们关注起了这个品牌，但从最终的转化效果来看，却并不是很理想。

在流量时代，企业决策者更应该具备流量思维，不仅要知道如何获取流量，更要能够将流量变现，即能够使流量的转化更有效。

本书从流量营销的本质出发，剖析了粉丝经济在流量时代的重要性，并从提升场景体验、创造优质内容、差异化创新、打好品牌战略、做好策划、瞄准热点事件、玩转短视频与直播、做好裂变式营销、跨界合作等营销方式切入，阐述了流量营销的具体策略。丰富翔实的案例，具体有效的实操方法，可以帮助读者解决流量时代的营销难题，更高效地获取精准有效的流量，轻轻松松地引爆市场。

目录

CONTENTS

第一章

流量思维，掀起网络营销时代的新风口

在移动互联网时代，谁拥有了流量，谁就拥有了核心竞争力。而要拥有流量，首先就要具备流量思维，然后再利用流量为自己创造价值与收益。

流量时代的来临为我们带来了更多的机会，同时也为我们带来了更多的竞争与挑战。要想做好流量营销，就不能仅以获取流量为最终目的，还要用优质的产品或服务来提高用户的黏性，持续吸引流量，并将这些流量转换成有价值的东西。

为什么你的流量营销做不好

在流量即市场的时代，流量营销成为企业或创业者十分关注的一个方面。相对于传统的营销模式，流量营销更注重快速地建立品牌，打响品牌的知名度，在获得流量的同时，可以将流量快速地转化成销量，从而带来实际的利益。

但是在移动互联网快速发展的时代，想要获取流量并不是一件简单的事。很多企业和产品还没有获得成为品牌的机会，便被这个大环境湮没。

其实，流量营销指的并不仅仅是线上营销，线下营销同样也可以被看成流量营销。在互联网快速发展之前，线下门店的人流量越大，购买率就越高；而线下门店若想获取更大的人流量，就要抢占商圈、旺铺流量，选择一个好地段。

随着电商的兴起与发展，线上流量开始冲击传统的线下流量。2019年天猫“双11”成交总额高达2684亿元，打破2018年的纪录2135亿元只用了16小时31分钟。除了成交额创下了历史新高，物流订单量也首次突破了10亿大关，达到了11.3亿笔。这也就是说，平均几乎每一个国人都买了一件东西。由此可见，网络流量已经成了商家获客的主流渠道。

随着线上线下渠道的打通，人们的衣、食、住、行等各个方面几乎都可以通过移动互联网来完成，但随着各种App（应用程序）的兴起，我们会发现，占据人们大部分手机内存的还是那些最初的主流应用，或者是各个巨头旗下的应用。

其实，流量面临着这样的问题：虽然流量增速很猛，但实际上，优质流量已经被瓜分殆尽。很多商家都面临着处于流量生存底层的营销困境。

市场的竞争是很残酷的。当一部分人利用网络流量获利后，就会有更多的人紧跟其后，希望也能瓜分流量，获得收益。于是，这个流量池中汇进来的水就越来越少，而挤进来的鱼却越来越多，竞争压力也就越来越大。对于用户来说，他们想要继续关注的仍然是那些已经有了一定群众基础的，早就获得了用户认可的。

因此，想要在流量时代摆脱困境、突出重围，就要不断地获取流量，通过流量的存续运营再获得更多的流量，并不断地将这些流量转化成销量。

在营销工作中，不仅要提升品牌的影响力，更要追求效果，看到销量的实际提升。在移动端，交易的链条很短，线上支付也很便捷，因此，转化的效果会很明显。只有充分地利用流量营销的优势，才能快速打破流量困境。虽然很多商家与企业都在各个平台网站上注册了账号，但是收效甚微。这主要有以下原因。

1. 账号无人运营

为了追赶流量的热潮，很多商家与企业都在各个平台上注册了账号，但这只是一个形式，实际上这个账号却无人运营，与没有一样。不关心账号的运营效果，对其置之不理，自然也就难以达到期望的营销效果。

2. 运营人员不够专业

很多企业在开通了新媒体账号后，并没有找专业的运营人员来运营，而是从公司内部找人兼职来做。在这场流量的浪潮中，连专业人士都很难保证可以做出效果，更何况是非专业人士呢？非专业人士缺乏互联网思维，也缺少创新精神，因而很难做出能吸引大众眼球的内容，能够吸引来的流量也寥寥无几。

3. 把各个账号当成广告输出口

不论是什么账号，人们愿意看的都是有价值的、对自己有用的内容。但很多企业只是将各个平台的账号作为自己打广告的工具，注册账号只是为了推送企业的硬资讯和广告，而且内容编辑得很粗糙，这样自然难以吸引用户的关注，也难以获取流量，甚至还会给企业或品牌带来负面的影响。

4. 推广不到位

很多企业账号在各个平台的推广不到位，关注账号的粉丝往往也都是企业的内部人员，内部人员点赞、转发、评论，所起到的作用是有限的，转化率自然也很有限。尤其是在这个流量为王的时代，推广越不到位，人们看到的概率就越低，购买的可能性也就越低。

在对流量资源的抢夺越发激烈的环境下，企业除了要借助流量的势外，还要抓住流量时代的特点，利用流量完成品牌的建立和销量的达成。

读懂“营”和“销”的本质

什么是营销？营销可以拆分成“营”和“销”。其中，“营”指的是营造一种让对方愿意购买的场景和氛围，从本质上来说是一种情感表达，包括情感互动、促销、氛围体验、精准推送等；“销”指的是交易过程，即具备用户思维，站在用户的角度去思考，从而将产品或服务卖出去，达到销售的目的。

营销高手都懂得营造氛围，OPPO手机就曾因一句“充电五分钟，通话两小时”的广告语而热销。

随着网络技术的发展与智能手机的普遍使用，人们在手机上安装的各类App越来越多，手机耗电也越来越快。而OPPO手机借助VOOC闪充技术的优势，用给快要没电的手机“充电5分钟”，就可以持续打电话两个小时的广告来给观众营造氛围，并用一句简短精练的广告语给观众留下了深刻的印象。

VOOC闪充技术采用低压大电流的方式，充电功率更高，电量转化率达到95%，损失更少。在不伤害电池的前提下，可以满足用户快速充电的需求。

至此，一提起具有闪充功能的手机，人们首先想到的便是OPPO手机。而且对于经常打电话、手机需要持续开机的人来说，这款手机无疑是很好的选择。

OPPO手机的营销成功离不开他们的技术，但更打动用户的是他们给用户营造出来的氛围，正是这种对快速充电的需求可以让用户毫不犹豫地选择这个品牌的手机。

在这个注重流量的时代，要想做好营销，给用户营造出良好的氛围，就要从用户的角度去思考。

比如一个卖橘子的摊位，写的广告语是“甜过初恋”。虽然这只是一个普通的摊位，但是因为这句与众不同的广告语，还曾引起过不小的轰动。甚至后来在大街上、超市中，也有为了蹭这个热度而写这种宣传语的。

很多卖水果的摊位都会标榜自己的水果“酸甜可口”“脆甜脆甜”“甘甜动人”等，这样的广告语乍看起来很不错，但若是跟“甜过初恋”相比，则显得逊色得多。

其实，从营销的角度来分析，之所以出现这样的结果，是因为一个用的是卖方语言，一个用的是买方语言。

所谓卖方语言，典型的表现就是“自卖自夸”，很少考虑用户或客户的真实感受，而是从自己的角度出发。这就是有些广告语虽然也很好，很贴合商品，但关注度和销量却总是上不去的原因。

而所谓买方语言，典型的表现就是站在用户或者消费者的角度去思考问题，注重为用户营造出一种氛围，也更容易让用户产生消费的欲望，从而获得销量的提升。

在移动互联网时代，营销的渠道越发趋于多样化，营销的成本低廉，性价比却比较高。移动社交网络拉近了商家与用户之间的距离，使之前陌生的、冷漠的关系逐渐变得有温度。而且，沟通越发便利、及时，这也是传统营销所不具备的一方面。因此，充分利用好当前的平台流量，将自己的产品、服务在第一时间用更便捷的方式展示给用户，打动用户，便能实现更高效的营销。

流量营销的目的是获取用户，而获取用户的基本途径便是吸引路人，也就是将那些在平台上随意浏览的人吸引过来，并将他们转化成自己的潜在客户，然后再将这些潜在客户变成真正的消费者，整个环节的完成才算是一次完整的营销。即使客户已经下单，也并不代表营销活动就结束了。当客户第一次消费之后，营销人员还要巩固与这些客户的关系，让他们成为忠诚的用户，甚至成为产品或者品牌的粉丝，从而为下一次的下单做好铺垫。

流量营销是移动互联网时代一种十分有用的营销方式，这种营销方式更便捷、更快速，但这并不意味着就不需要进行客户的维护。不论是“营”还是“销”，我们针对的都是客户，因此，用心挖掘客户，不遗余力地开发客户，用心维护客户，给客户带去良好的产品体验，这才算是一次成功的营销。

再好的产品，也需要流量做支撑

在信息高度发达的移动互联网时代，每个人接触到的信息都很多，获取信息的渠道也很多，但并不是每条信息都会被推送给人们，也并不是产品只要质量足够好就行了。除了产品的质量要好外，流量也格外重要。

没有流量，就代表着没有人关注。很多人即使对你的产品感兴趣，也会优先搜索到那些流量多的产品，而在令人眼花缭乱的选择中，流量少的产品往往很难进入人们的视线。

就像网购一样，我们除了看商品的品质外，还会看商品的销量和评价，如果销量和评价都不错，那么我们下单的可能性就很高。由此可以看出，流量不仅可以显示出一款产品的受欢迎程度，还可以增强人们的信任感，让人们对产品的品质多一重放心。而如果商品的销量低、评价少，人们往往就会怀疑：此款商品是不是存在某些质量问题，不然为什么购买的人这么少呢？当然，特殊商品除外。

所以，在流量时代，我们除了要做好产品外，更要懂得吸引流量，用流量打出知名度，打出信任度。有了流量的支撑，产品会为更多的人所熟知，也就会有更多的流量转化成购买力。

各个平台都有一定的流量，其中社交平台所占据的流量更多，比如微信、

QQ、微博、抖音、快手等；此外，各种搜索引擎中也包含着很多流量，我们经常能够看到很多商家在各个搜索引擎的入口处做一些广告，这往往也能吸引"刚需"人群，提高流量的转化率。另外，电商平台也是一个流量聚集地，而且，相比社交平台与搜索引擎，电商平台用户的购买力的转化率是非常高的。

当然，除此之外，还有其他的平台也同样拥有很多流量，如果有精力、有机会，从这些平台中获取流量也是不错的选择。

那么，我们到底要如何才能吸引流量，将各个平台的用户转化成自己的客户呢？通常来说有以下几种方法。

1. 在平台做广告

在平台做广告是最常见的做法。不论是社交平台还是搜索引擎、电商平台等，在这些平台上做广告，即使用户当时并没有选择你的产品，但是当他们真正做选择时，也会因为对你的产品感到"脸熟"而犹豫，考虑是否购买你的产品。

以往电视平台上的广告总是占据着主导地位，对于在电视上做过广告的产品，人们的信任感会提升。在流量时代，各个平台的流量逐渐占据主导地位，但人们对这些广告的认识并没有发生本质的改变，在做选择时还是会倾向于选择那些自己曾经见过的产品。所以，不要忽视广告的作用。

2. 做活动吸引流量

活动对人们的吸引力非常大。从"618""双11""双12"的下单量来看，人们参与活动的积极性还是很高的。其实，除了这些大型的活动，简单的小活动同样也能吸引到很多用户。因此，适时地举办一些活动，赠送一些满减优惠券、小礼物，或者进行积分兑换、打折活动等，都能吸引来不少的流量。

而且，线上活动也便于人们传播与操作，用户如果觉得很划算，也会主动分享给自己的亲朋好友，从而吸引来更多的流量。

2020年4月6日是麦当劳的会员日，麦当劳之前发放的半价金桶优惠券仅限这一天可以使用，原价78元的家有金桶在用券后仅需39元。于是，很多消费者都去麦当劳点餐。

但是由于活动太过火爆，麦当劳小程序竟然一度出现崩溃，顾客无法下单。麦当劳官方微博回应可以去麦当劳线下门店点餐，结果多地麦当劳门店都出现了门口排长队的情况。

很多网友在成功购买了麦当劳家有金桶后，也自发、主动地晒单，引起了不低的热度。

3. 用热点吸引流量

热点本身就能吸引一部分流量，抓住用户的眼球。因此，“蹭热点”来吸引流量的方式也是可行的，有时甚至会起到意想不到的效果。

曾经刷屏微信朋友圈的漫画《我们是谁？》，由于简单、呆萌的图片和易于添加文案的画面，引起了很多跟风营销。但是很多营销都仅仅是修改一下文案，并没有做实质性的改动。而氢互动团队则在24小时内为闪送这个品牌打造出了真人版的“我们是谁”，其有趣的文案加上真人cosplay（角色扮演），在热度还未过去时迅速地刷爆了微信朋友圈，引发了大量用户的关注与分享。

可以说，这一次的“蹭热点”很成功，不仅将闪送这个品牌的特点通过有趣的漫画与文案传达了出来，还引起了不小的轰动，为品牌带来了巨大的曝光量。

4. 用创意文案吸引流量

在流量时代，软广告比硬广告更能深入人心，更能赢得人们的关注与好评，这也就催生了很多有创意的广告，比如有些商家会利用微信公众号写软文来吸引流量，有些商家会在各个视频平台投放悬疑、反转、搞笑类的视频来推广产品。用户即使看到最后发现这是一条广告，也常常会夸赞商家“有心了”，而不会对产品产生反感。

淘宝商城（天猫）为了提升知名度与认知度，拥有源自自身的流量，颠覆逛街购物体验，开启网购新时代，写出了一句令人印象深刻的文案——“没人上街，不一定没人逛街”。

这句文案一出，配合淘宝商城举办的大型促销活动，人们对淘宝商城这个品牌的认知度大幅度提高，也达到了超乎想象的销售效果。

产品与流量应该是互为补充、相辅相成的：质量好的产品需要有流量加持，才能进入人们的视野，卖得更好；而流量多的地方也需要产品的品质有保证，否则差评、投诉不断，反而会给产品带来不好的影响。

具备流量思维，把握引流时机

流量思维指的就是以流量为重点的思维，用流量来撑起销量，用优质的产品和服务来吸引用户，注重长期的口碑与盈利，而不是只做一锤子买卖。在各个环节中，商家首先考虑的应是流量的多少，其次才是赚钱的多少。因为即使刚开始赚的钱不多，但是当流量增加以后，收益也会随着增加。因此可以说，流量思维可以帮助商家获取更多的收益，销售非但不会出现后期乏力的状况，反而会越卖越多，增长量是十分可观的。

当然，具备了流量思维，还要把握好引流的时机，这样才能吸引更多的流量，进而将这些流量变成实际的交易。

引流是当前流量为王的时代背景下商家迫切需要做的事情。移动互联网的发展分解了整体的流量，对于单个商家来说，流量就变少了。而如何在这流量变少的前提下吸引更多的流量，是各个商家都需要面对的并亟待解决的问题。

所谓要具备流量思维，就是要认识到“先创造流量，再创造收入”的先后顺序，重视流量的价值。不论是线下，还是线上，创造流量都很重要。线下的流量会直接吸引客户驻足，而线上的流量则能更直接地转化为人气和排名的依据。因此，做好引流工作是至关重要的。

引流同样也需要讲究时机。把握住了引流的时机，引流的效果会更好；如果时机不当，很可能一无所获。举个简单的例子，你在秋末冬初时会想要购买保暖的衣服，而不是夏天的T恤。那么如果此时有人给你推荐羽绒服，你很可能会认真地看一下，仔细地考虑一下是否需要购买；而如果别人给你推荐的是T恤，那你很可能连看都不看，直接就回绝了。这就是时机的作用。

那么，引流的最佳时机是什么时候呢？从理论上来说，客户什么时候最需要你的产品，什么时候就是最佳的引流时机。但从实际的角度来讲，我们很难做到抓住最佳的引流时机，因为对这位客户来说可能是最佳的时机，对另外一位客户来说可能正是最不恰当的时机。也就是说，消费者通常是分散的，我们无法准确地判断何时才是最佳的时机。

所以，我们只有尽可能地抓住那些看似还不错的时机，尽可能地在用户搜索、需要的时候将我们的产品展示在他们面前，而这就需要我们将店铺或产品推送到比较靠前的位置上。

经验丰富的营销人员可能会判断出比较合适的引流时机，但是如果你并不知道什么时候引流才恰当，不妨先去试一试，先投入一小部分试试水，看看反馈情况，然后再制定接下来的策略。随着实战经验的累积，你的市场敏感度也会随之提升，此时再引流就会取得不错的效果。

此外，利用热点事件来引流也是不错的选择。热点事件常常能引起人们的广泛关注，使人们将目光聚焦到同一件事情上。这无疑是很好的时机。但是生活中热点事件出现得很随机，没有特定的规律，如果一味地等待热点事件出现，反而会错过其他的好时机。

因此，在热点事件出现时抓住，在没有热点事件时找到其他的突破口，这才是一个合格的营销人员应该具备的流量思维。

获取精准流量，提升转化率

吸引流量很重要，但我们要知道，并不是所有的流量都具有同等的价值。

如果你发现自己吸引来的流量不少，但是流量的转化率很低，产品的成交量一直没有突破性的提升，那就说明你吸引的流量大部分都不是精准流量，而给你带来收益的精准流量只占其中的一小部分。也就是说，起到核心作用的是精准流量，只有精准流量才有强大的变现能力；如果吸引来的流量不够精准，那么变现能力就会很差，即使流量的数据看起来很可观，收入也未必可观。

这就好像一个百货超市虽然每天都有很大的人流量，但是卖年轻男装、女装的区域盈利却很少，一方面是因为年轻男女很少去超市采购，另一方面是因为年轻男女会去专门的服装卖场或者网上购物，所以，这两个区域的整体人流量看似很大，但是真正购买年轻男装、女装的客户却很少，也就是吸引到的精准流量很少，所以变现率很低。

因此，要想提高转化率、提升变现率，单纯地以获取流量为目标是不能满足要求的，还需要注意获取到的是不是精准流量。

那么要如何吸引精准流量呢？首先是要定位精准，即明确你的产品或服务是打算卖给谁的；然后考虑要如何吸引这些目标用户。

2015年年初，神州专车刚进入出行市场时，面对的是滴滴、优步、易到这“三座大山”，作为后来者，神州专车要与它们竞争，这显然不是一件容易的事情。毕竟，很多用户在之前就已经开始使用这些产品，并已经享受到了出行补贴，用户是很难再将自己的主要出行工具改成新入行的神州专车的。

从用户定位上来说，滴滴主要针对普通大众，优步主要针对白领、外企用户，而易到则针对中高端商务人士。但这三巨头都主打速度和价格，如果此时神州专车也跟随这个定位，那么作为同质化的品牌，神州专车很难后来居上。

此时，神州专车并没有像其他品牌一样主打速度和价格，而是坚持自己的独特优势，结合自身的品牌特点，做了一个差异化的定位：将品牌瞄准中高端用户。

为了吸引这些用户，神州专车决定主打“安全”这个主题进行宣传。由于中高端用户使用神州专车大部分是偏商务性的，相对于价格，他们更在乎的是服务品质，而专车司机和车辆本身的安全性能则应该是最基本的保障。

随着网约车司机骚扰乘客、司机犯罪等一系列安全问题的出现，神州专车的“安全”定位逐渐深入人心，神州专车也逐渐获得了中高端用户的青睐，在出行市场上占据着一定的流量。

神州专车的精准引流工作做得十分到位，这与品牌的精准定位是分不开的。由此可见，精准的定位更便于吸引精准的流量，提高让用户变成客户的可能性。

其实，要获取精准流量，利用人们群体之间的传播也是很有效的。

人们在网络上会加入自己感兴趣的讨论组，关注自己感兴趣的人或内容。因此，在精准划分的人群内进行营销引流，往往也能取得不错的效果。

做好精准引流工作，将目标客户成功地吸引过来，就能促进成交。但在流量时代，营销人员要做的远不止这些；在将客户吸引过来后，更需要去维护，让客户继续坚守在你的品牌处，不再转移阵地，这才算得上是真正成功的营销。

吸引流量，更要抢占流量

在移动互联网时代，流量就是金钱，吸引流量的最终目的是有所收益；而如果能长期地占领流量，就能保证获得持续性的收入。因此，吸引流量只能算是“前菜”，真正地占领流量才是“正餐”；只有吃到了“正餐”，才能顺利地获得“饭后甜点”。

要持续性地占领流量是比较困难的，毕竟在现在的流量时代，人们会通过多个渠道来获取所需要的信息；一旦人们发现某种渠道更能使自己获利，或者更便捷，那么人们就很有可能放弃旧的方式，而采用新的方式获取信息。从用户的角度来说，他们要做出对自己最优的选择；从商家的角度来说，他们的目的是留住用户，持续地抢占这些用户流量，防止这些流量流失。

为了占领流量，支付宝会做各种各样的优惠活动，比如红包补贴、邀请好友送红包、消费后发奖励金、送刮刮卡等。

尤其是每年过年的时候，支付宝推出的“集五福”活动更是吸引了大量的用户。虽然最终人们分到的金额并不多，但这并不影响人们参与活动的热情。在“集五福”的过程中，人们还可以互相赠送自己的福卡，这也增强了支付宝的社交属性，让人们乐于使用支付宝。

此外，为了推广支付宝的“花呗”，在“集五福”时支付宝还新推出了一张福利卡“花花卡”，拥有“花花卡”的用户可以参与抽取“全年帮你还花呗”的福利，最高奖金48888元。这对于用户来说无疑具有相当大的吸引力。

而且，要获得这些福卡的方式也很简单，用户可以每天用支付宝扫“福”字，也可以通过线下支付来获得福卡等。这种持续性的活动也使人们乐于使用支付宝。

流量是具有吸引力的，尤其是对于具有社交属性的软件，当你占据了一定的流量后，用户很可能会主动把这个软件分享给朋友，使聚集到这里的流量越来越多。

吸引流量最简单的办法就是组织一些优惠活动。当然，要持续性地占领这些流量，还需要有良好的产品品质或服务。如果产品的品质不过关，或者服务不到位，即使组织的活动再多，但用户的体验不好，在体验过后，这个店铺、品牌或者软件也会被用户拉进黑名单。

吸引流量是为了后续可以获得更多的流量，并将这些流量变现。因此，用良好的产品品质或良好的服务留住流量才是明智的做法。

有一家宾馆的生意不是很好，老板便想着将宾馆的信息放到飞猪App上，并在飞猪App上做活动：凡是在飞猪App上预订房间的客户都能享受到线下所没有的折扣。为了推广店铺，即使是对直接来住宿的旅客，老板也会告知对方在飞猪App上有更优惠的价格，旅客可以选择在飞猪App上团购，也可以不使用飞猪App。通常情况下，旅客都会选择团购。

而且，为了提升在飞猪App上的好评率，当旅客来住宿时，老板还会赠送一些爆米花、水果、饮料等，给客户留下了良好的印象。

由于附近的宾馆并不是很多，所以很多人看到飞猪App上的评价后都纷纷选择来这家宾馆住宿，这家宾馆很快就成了飞猪App上这一地带的热门宾馆。

这位老板成功地吸引来了流量。为了持续地占领流量，宾馆的服务质量也在不断提升。老板会询问住宿的客户的意见，看是否还有需要改进的地方。

后来，宾馆的生意变得越来越好，即使飞猪App上的优惠力度并没有那么大了，人们也还是倾向于选择来这家宾馆住宿。

如果说，优惠活动是帮助这家宾馆吸引到客户的敲门砖，那么老板良好的服务态度与服务质量则是帮助宾馆持续占领客户流量的有力方式。

有了吸引流量并占领流量的意识，还需要通过一些优惠活动来留住客户，或者利用高品质的服务来让客户满意，让客户觉得自己受到了尊重，得到了实惠的价格或者周到的服务，从而牢牢地抓住客户的心。

可以说，这是一个良性循环的过程，在占领了流量之后，还能在无形中吸引到更多的流量，使流量越来越多，进而带来更高的收益与价值。

第二章

“吸粉”增流，粉丝是带动流量的主力军

粉丝经济在这个流量爆发的时代具有重大的价值。粉丝的数量在一定程度上决定了商家或品牌的影响力，也影响着商家或品牌流量的多少。在这个注重流量的时代，商家或品牌一定要能够吸引粉丝，并将这些粉丝变成自己的忠实用户，使其主动帮助引流。

了解粉丝心理，展示产品的性价比

我们常说现在是粉丝经济时代，那么到底什么是粉丝经济呢？

粉丝经济指的是架构在粉丝和被关注者关系之上的经营性创收行为，是一种通过提升用户的黏性并以口碑营销的形式获取经济利益与社会利益的商业运作模式。比如，粉丝会购买明星的专辑、演唱会门票；购买明星代言的产品，期待跟自己喜欢的明星用同款产品；甚至会爱屋及乌，购买与明星相关的东西，比如明星写的书、印有明星图案的产品等。

在流量营销时代，很多商家就利用粉丝的这种心理，给粉丝提供多样化、个性化的商品和服务，最终使其做出购买行为，通过粉丝的消费来实现盈利。

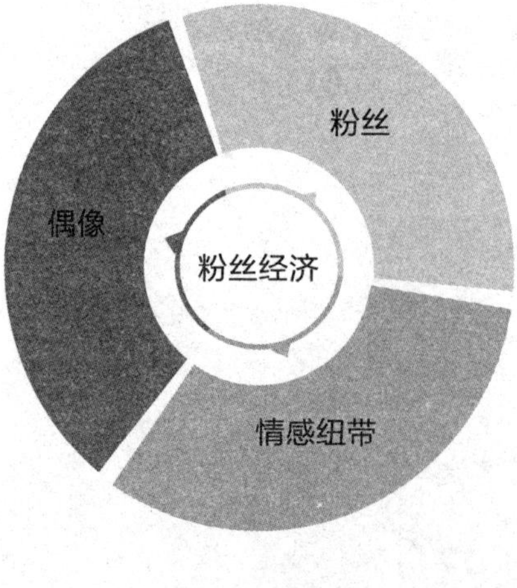

当然，流量时代的开启，使粉丝们能获取更多的信息，粉丝对于明星推荐的产品也不再照单全收，而是有着自己的判断。所以，商家如果还单纯地想要靠明星、偶像来带货，实现销量的增长，就只能获得短暂的、一小部分的红利。随着越来越多的粉丝认识到这背后的商业目的，他们的理性消费意识便会逐渐觉醒，不再为偶像代言的产品买单。

而真正能否让粉丝买单的，关键在于产品的性价比。品牌要去理解并尊重粉丝的消费心理与行为，把明星当成一个流量入口和信息出口，根据粉丝的要求去设计品牌，从而让粉丝经济重回正轨，让粉丝的行为促进消费。

海尔公司就一直很注重用户的使用体验，为用户提供真诚而贴心的服务。

我们都知道洗衣机是用来洗衣服的，但是有些农村用户用洗衣机来洗土豆，由于土豆上的泥土经常堵住排水管，所以用户的使用体验并不好。但是海尔公司并没有将这个责任推给用户，而是根据用户的需求，专门改造了洗衣机，把排水管做得更大、更好，让用户可以用洗衣机来洗土豆。

另外，为了满足不同用户的需求，海尔公司还改变了以往统一的容量，设计出了不同容量的洗衣机，这样用户就可以根据自己的实际情况来选购容量合适的洗衣机。

海尔公司也正是因为重视用户的需求，才收获了一批又一批的粉丝。

能够吸引到粉丝，并将粉丝的流量变成产品的销量，这才是借助粉丝提升销量的有效方式。

其实，粉丝的心理并不复杂，反而很容易理解。他们想要的是获取信息、交流思想、寄托情感，希望自己的建议能被接受，希望产品能够满足自己的需求。当粉丝发现你的产品性价比很高，已经达到甚至超出了他们的预期，那么他们的消费欲望就会被点燃，他们甚至会主动宣传这样的产品。

那么，要如何向粉丝展示产品的价值呢？如何让粉丝认识到产品的高性价比呢？其实，答案很简单，很多商家在宣传产品时经常会采用这种方式——对比。

在这个产品同质化日益严重的时代，通常是“没有对比就没有消费”。将产品与市面上的同类产品进行对比，突出自己的产品优势；或者将刚升级的新产品与之前的老产品进行对比，突出新产品的巨大进步。这些都会让粉丝认识到这款产品的好处，从而点燃粉丝的购买热情。

粉丝经济在移动互联网时代具有巨大的价值。在这个流量为王的时代，要重视粉丝的价值，读懂粉丝的心理，促进粉丝主动引流，从而获取更多的流量，实现销量的增长。

制造共鸣，让路人转粉丝

粉丝是流量营销时代的先锋军，但是在流量变得越来越重要的移动互联网时代，仅仅有这一批先锋军还远远不够。不论是为了提升品牌的影响力，提高品牌的知名度，还是为了提高产品的销量，吸引更多的粉丝都是很有必要的。

在这个移动互联网时代，“酒香也怕巷子深”，要想获取更多的流量，就要吸引粉丝，让路人变成粉丝。

有些人认为品牌就是标签，产品就是标签，只要一说这个品牌或者产品，别人就都知道。其实不然。对于大多数的路人来说，他们很可能并不关注这些，也并不了解你的产品，甚至听都没听过。所以，不要想当然地觉得别人都认为你的产品很好，更不要一味地对这些路人进行“洗脑”式宣传，这不仅不会让他们变成“优秀粉丝”，反而还有可能让他们变成你产品的“黑粉”。

营销人员一定要避免出现以下想法：

“这个品牌这么出名，还需要我去说吗？用户不知道才奇怪吧！”

“这个产品广告打得这么响，对方怎么可能不知道呢？”

“这么简单的功能还需要我去介绍，用户的理解能力这么差吗？”

相反，营销人员要将每一个路人都当成潜在粉丝，耐心地为他们介绍那些你了然于心，但是他们还未听说过或者只听过但并不了解的产品，把他们当成第一次接触你的产品的人，你会表现得更好。

你需要记住以下几点：

（1）这些用户很可能并没有接触过、听说过你的产品或品牌，需要你进行详细的介绍。

（2）客户没听过并不代表他们孤陋寡闻，所谓“术业有专攻”，人们都有自己擅长的领域，所以，不要歧视这些客户。

（3）当客户表现出排斥后，不要急着否定，也不要急着放弃。毕竟，人们大多习惯于用自己熟悉的产品，对新事物存在抵触情绪也是正常的。

（4）你的服务态度在很大程度上会决定用户是否接受你的产品。

要将路人变成粉丝，其核心在于引起路人的共鸣，即让他们知道你的产品对他们来说是有价值的，是值得他们去购买的。

在这个流量时代，用户做判断时不会仅仅依从营销人员的一张嘴，他们还会自己搜索资源，从中选择对自己来说最合适的产品。因此，营销人员除了要不厌其烦地将产品的优点、特点讲给用户外，还要借助互联网流量，全方位地向用户展示自己的产品。

要做好这一环节，可以从两方面入手。

1. 注重细节

人们很容易被一些细节触动，一旦用户的心被触动了，他们可能瞬间就会变成粉丝。在流量爆炸的时代，谁家的服务越好，谁家的竞争力就会越强，用户的忠诚度也就会越高。因此，注重细节，注重人性化的设计与服务，才更容易赢得更多人的认可。

但这件事做起来并不容易。因为每个人关注的点是不同的，令他们感动的细节也并非完全一致。所以，要想把这些用户转变成粉丝，也没有统一的策略。

以淘宝店铺的商品详情页来说，详情页做得越细致，用户能看到的内容越多，他们对这个商品就越了解，这个商品也就具备了一定的竞争力。相反，如果对商品的细节描述不清，甚至什么介绍都没有，那么这个商品很快就会被用户排除，更不要说被加入购物车或者下单了。

如果营销人员有机会与用户接触，或者在线上，或者在线下，那么营销人员就可以针对不同的用户进行个性化的设计，着重介绍用户看重的产品特点，使用户喜爱并认可自己的品牌或产品。

2. 重视内容

内容也是吸引粉丝的重要一点。内容要有干货，要能够吸引人，引起人们的共鸣，这样才能让“尝鲜”的路人变成粉丝，使其持续地关注。不论是什么产品，品质都是很重要的，而在这个需要流量的时代，作品的内容就是质量保证，有趣、有料、有价值的内容才能吸引到用户。

举个简单的例子。当一个微博博主想要获得关注时，他就要有足够吸引其他用户的内容；用户被内容吸引，被话题吸引，也就产生了流量；而博主发布的内容越有吸引力，这些用户转变成粉丝的概率也就越高；当获得了足够多的粉丝关注后，博主就可以来为产品打广告了。虽然并不是每个粉丝都能转化成客户，但是这种引流的方式还是能提升销量的。

当然，要想收获成千上万的粉丝，是需要内容的积累和时间的积淀的。所以，即使短期内收效甚微，也需要坚持下去，做好内容，让内容主动为你引流，吸引更多的粉丝。

把粉丝当朋友，发展铁杆粉丝

在社交媒体越来越发达的时代，粉丝已经成为各大品牌关注和争抢的对象。从各大品牌的销售情况来看，拥有更多粉丝的品牌产品，其销售量也更高，品牌的认可度更高。因此，除了吸引新用户并使其转变成粉丝，“固粉”也相当重要。

营销人员都知道，发展一个新用户的成本远远高于挽留一个老用户的成本。因此，留住原本的粉丝，将这些粉丝发展成铁杆粉丝，也是流量营销中的重要一环。

在移动互联网时代，不与粉丝交流就相当于在让粉丝主动流失。而“固粉”的根本原则便是把粉丝当成朋友，与粉丝交流、互动，让粉丝自带一种归属感去消费。

其实，与粉丝交流、互动并不难，很多品牌在这方面都做得很不错。比如，有些店铺在某些节日会有活动，让粉丝抽奖领红包或优惠券；有些会提供一个话题，引起粉丝的关注与讨论。在这方面值得我们学习的便是小米公司。

小米公司不到三年便进入百亿企业之列，创造出了一个品牌神话，这与“米粉”的支持是分不开的。

小米公司的口号是“为发烧而生”。从一开始，小米公司就调动粉丝，在开发MIUI系统时征求“米粉”的意见。这种行为也吸引了越来越多的“发烧友”，使他们成为小米的粉丝，并逐渐发展成为铁杆粉丝。

小米旗下的红米，采用了“饥饿营销”的策略，限时限量发售。红米手机最初发布时，选择了官方认证的QQ空间，在发布前精准定位人群，聚拢人气。再加上在社交平台举办一些活动，红米手机顿时大热，半小时预约人数就过百万，成为小米旗下最抢手的产品。

小米公司牢牢地抓住了粉丝的心理，发展了粉丝经济。“因为米粉，所以小米”的营销模式，让小米公司得以迅速收获更多的粉丝。

为了调查消费者的口味，肯德基曾推出“炸鸡大PK”的活动。

肯德基在刚推出一款名为黄金脆皮鸡的炸鸡类产品时，由于此款产品被指可能会成为吮指原味鸡的挑战者，于是肯德基组织了一次“炸鸡大PK”的投票活动。消费者可以在肯德基的官网进行投票，而肯德基则会参考这次投票结果，决定两款产品的去留。

另外，肯德基还分别请了两位明星来代言这两款产品。官网的活动加上明星的效应，使此次活动掀起了社会大众普遍参与的热潮。

最终，综合考虑历时8周的投票数据以及对消费者的调研结果，肯德基决定保留吮指原味鸡这款产品。

从投票数据上来看，吮指原味鸡以微弱的优势取得了投票阶段的胜利。消费者累计投票总数高达20625997票，其中吮指原味鸡10789070票，黄金脆皮鸡9836927票。因此，肯德基决定将不定期推出黄金脆皮鸡或者类似的创新产品，以满足不同的消费需求。

可以说，肯德基的这次“炸鸡大PK”活动，充分调动了粉丝的力量，也用流量为自己造出了势，为推出新产品做了很好的宣传，这确实是一场成功的营销。

其实，粉丝都是渴望交流、互动的，所以我们要将粉丝当成自己的朋友，用对待朋友的方式对待粉丝。经常与粉丝交流，真诚地看待粉丝给出的建议或意见，时常用一些活动来刺激粉丝的热情，才能更好地维系品牌或产品与粉丝之间的感情，使这些粉丝发展成为铁杆粉丝，很难再被其他同类品牌或产品撬动。

此外，重视粉丝的价值，品牌同样可以在粉丝身上挖掘出更多的财富，从而使品牌与粉丝共同成长、共同进步。

激励粉丝，使其主动引流

粉丝引流，在这个流量制胜的时代似乎是再正常不过的事情。就像明星的粉丝会组成“粉丝后援会”一样，不论是品牌的粉丝，还是产品的粉丝，都会出现“扎堆”的情况。而粉丝如果真的觉得品牌或者产品好，值得推荐，那么就会主动“安利”给他人，为品牌或产品引流。而如果此时粉丝的行为得到肯定，他们的热情就会更高涨，引流的积极性也会更高。

利用粉丝引流实现增收的现象是很常见的，比如一直以“服务好”而频频让网友主动“安利”的海底捞。

去过海底捞的人，大多会对它的服务赞不绝口。

如果没有预订，在吃饭的时间去海底捞，排队等上半小时甚至一个小时也是常有的事。而海底捞在顾客等待的这段时间，会提供瓜子、水果、饮料、小点心等，还会提供跳棋、象棋、扑克牌等，让顾客不仅不会因为等待而心烦，反而还会很享受这段时间。

而且，海底捞还提供半份菜，这样就可以很好地避免点的菜品太多，吃不完浪费的情况出现；如果是单人用餐，就可以多点一些其他菜式，让顾客多了一些选择。

另外，海底捞火锅的味道确实很好，菜品多样。火锅有十多种锅底，顾客可以根据自己的口味进行选择。调料也有二十多种，顾客可以随意调配。

此外，服务员的服务态度也很好。即使人很多，服务员很忙，他们也还是会微笑着面对顾客，对顾客的要求也是尽量、尽快满足。

可以说，正是这些人性化的服务，让去海底捞用餐的人都成为它的粉丝。这些粉丝不仅自己用行动支持海底捞，还会分享给朋友、带朋友去吃，从而起到宣传的目的。这种宣传的转化率比其他广告的更有效。

虽然海底捞的服务人员并没有刻意要求顾客去为店铺做宣传，但是服务人员所提供的优质的服务却比任何言语都更有力量。也正是这些服务激励着海底捞的粉丝，让他们自发、主动地引流。

在移动互联网时代，不仅娱乐行业与餐饮行业会因为粉丝引流而创收，其他行业也是如此。不论是家装品牌还是服装行业，抑或是食品行业、出行行业等，如果粉丝能够积极地去宣传、去引流，那么在短时间内实现增量也是有可能的。

当然，要让粉丝主动去引流，你所推荐的产品或服务就一定要有过人之处，能够让粉丝信服。这就像是我们会给朋友推荐那些我们觉得好的东西；而如果东西很一般，我们会绝口不提；如果东西的质量很差，我们自己遭遇的服务很差，那么我们只会劝告朋友不要重蹈我们的覆辙。所以，究其根本，品质才是硬道理。

在这个流量为王的时代，宣传固然很重要，吸引流量固然很重要，但品质依然是不可马虎的一环。优秀的品质自然会成为激励粉丝主动引流的催化剂。

制造惊喜，用真心换取流量

在移动互联网时代，商家要懂得给用户制造惊喜，让用户喜出望外，从而提升用户对品牌以及产品的忠诚度。而且，商家给用户制造惊喜，还可以让用户感受到商家的真心。

所谓制造惊喜，并不一定是给予用户优惠券、折扣等。其实，如果商家的表现能够满足甚至超出用户的期待，让用户有惊喜感，有被重视的感觉，那么就会极大地调动用户的积极性。

比如网上一些卖女性头饰的店铺会赠送小梳子、小镜子等，而这些额外的赠品令购买的用户十分受用，她们在给好评的同时也不忘记说上这一点；有些用户即使对产品并不是十分满意，但是也会因此而受到触动，很少给出差评。而这些看似不经意的小惊喜会为店铺带来更多的流量，吸引更多的人购买。由此可以看出给用户制造惊喜的重要性。

当然，要给用户制造惊喜也并不简单，需要商家花费很多心思与精力。但是与吸引到的流量相比，商家的努力也都是值得的。尤其是在这个拼流量的时代，谁能给用户制造惊喜，谁就能更快地吸引到用户，赢得用户的认可，也就能获取更多的流量。

在制造惊喜这一方面，京东商城的做法就十分值得学习、借鉴。

一说起京东商城，很多人头脑中的第一印象便是它送货快。送货速度快确实是京东商城的优势，也是它给用户带来的惊喜之一。通常在城市的大部分地区，上午下单，下午就能收到货品；晚上下单，第二天就能收到货品。如果是在农村地区，货品一般也会在第二天送到，时效性得到了很好的保证。

京东的物流能做到这个程度，与它的努力是分不开的。京东在全国范围内有7大物流中心，运营上百个大型仓库，有上千个配送站和自提点，覆盖范围很广泛。用户下单后，京东系统会根据用户的收货地址安排就近的发货仓库，从而大大节省了时间。

当然，除了接货这个流程外，京东也优化了分拣、发货、发车、站点接货、验货、配送员收货、妥投等其他环节。清晰明了的过程，高效率的工作，也节省了物流时间。

当然，京东带给用户的惊喜，除了物流速度快之外，还有值得信赖的售后服务。

用户在电商平台购买物品，还是会心存疑虑的，担心买到质量不好的物品，或者物品不符合自己的预期。而京东所提供的优质的售后服务，可以让用户不再有这种担心。除了一些特殊物品外，用户想要退换货时，京东会提供很全面的退换货服务。

此外，京东系统还提供了价格保护服务。即在商品的价保周期内，用户如果发现自己买贵了，可以直接在京东系统申请价格保护，申请之后多付的那部分钱就会退回到用户的支付账户中。这种方便快捷的服务让用户买得放心，可以说这是京东带给用户的另一大惊喜。

京东商城从用户的角度出发，给用户提供了更为优质、便捷的服务，用真心与真诚为用户制造出了惊喜，因此收获了大批的粉丝与流量，成交量上升了，利润自然也不低。

在网络不发达的时候，商家占据着主动权，有些商家可能会欺骗用户，而用户往往很难找到申诉的途径，即使发现被坑了，也只能自认倒霉，无从申辩。而在移动互联网时代，用户的主动性提高了，如果对产品不满意，不仅可以给出差评或者投诉，还可以通过网络将自己的经历分享出去，让其他人不再上当受骗。而这对于那些不良商家来说是致命的。但同时，对于被用户认可的商家来说，他们会获得好口碑，从而吸引更多的流量。

在这个流量爆发的时代，用户的选择面很广泛，可以说，哪里的服务更优质，用户就倾向于哪里，流量也就会流向哪里。所以，对用户好一点，多给用户制造一些惊喜，你的心思也不会白费，用户的表现甚至会超出你的预期。可以说，这样的付出得到的回报一定是超值的。

第三章

提升场景体验，提高客户转化率

提升场景体验的目的是为你的产品或服务找到具体的消费环境，比如在什么时间、什么地点，客户的状态如何、心情如何，等等，从而提高购买转化率。

无论卖什么产品，做什么样的场景，进行怎样的营销，能让用户买单的就是好体验。在场景中给用户想要的，用有温度、有人情味的场景去俘获用户的心，营造对用户有利的场景去做活动。用户的体验好了，营销才能做得成功。

搭建场景的四大环节

搭建场景是为了展现品牌或者产品的价值，让人们在碰到类似的场景时能想到这个品牌或者这个产品，从而带出流量与效果。

其实，在营销活动中，搭建场景进行营销是十分常见的。比如，士力架的广告就先营造出一种饿到无力的感觉，然后吃了一口士力架，人立刻就变得有精神了，一句“横扫饥饿，做回自己”就将士力架的食用场景放到了普遍又真切的饥饿上，以普遍的情感诉求来与广大的消费者建立联系，让人们在饿的时候能够想到这个产品。

在流量占据主导地位的时代，搭建好场景，给用户一个良好的体验，也同样重要。你搭建出来的场景能够让用户感兴趣，能够引起用户的共鸣，也就容易获得用户的认同，促使其下单购买你的产品或服务。因此可以说，搭建场景是获取流量的关键，也是实现高效率营销的前提。

那么，要如何搭建场景呢？一般来说，在搭建场景时要注意以下四个环节。

1. 场景定向

场景定向指的是使各种营销场景合时宜地出现在用户的眼前，更好地引导用户去消费。

比如加多宝在火锅店做促销。在燥热麻辣的氛围中，人们会想要喝罐凉茶败火。

再比如，美团App会在不同的时间段推荐不同的餐点。在早餐时间，美团首页会推荐早餐，如小米粥、包子、油条、豆腐脑等；在午餐时间，就会推荐各式各样的午餐，还有专为上班族准备的优惠专区、秒杀品等；在午后的休闲时光，美团会主推下午茶、零食甜点等；在晚餐后，夜宵就占据了主导。

可以说，这些场景的诱导，刚好符合人们的饮食习惯，戳中了人们的心理诉求，那么下单购买就成了水到渠成的事了。

2. 明确用户群体

明确产品或服务的用户群体，可以更精准地进行营销，使转化率更高。

流量时代为商家提供了便利，商家可以通过移动互联网的信息流来了解这些用户，对用户的基本信息进行统计和整理，分析用户的关注点，从而找到自己的目标客户群体。

当然，有些产品的目标客户群体可能不止一类，而整理这些信息可以帮助商家更好地分析某一类目标客户群体的关注点，从而有针对性地进行营销，使自己的营销方向恰好可以符合客户的需求，从而打动客户使之购买。

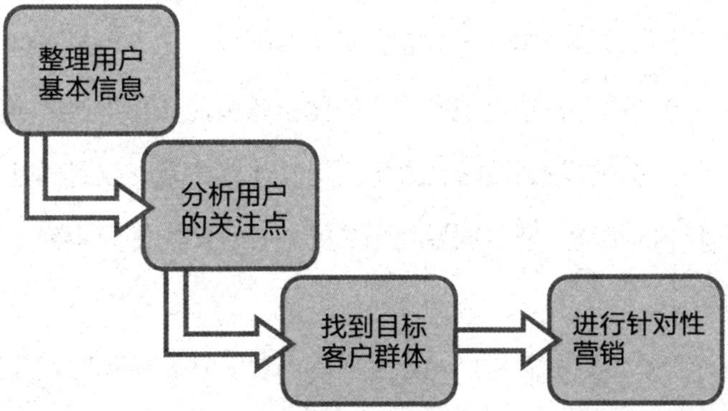

3. 借助数据分析用户行为

通常来说，用户的行为比商家贴的标签更准确，也更贴合实际情况。通过对用户过去的消费行为进行分析，网站可以更准确地预测用户感兴趣的东西，也可以给用户推送相关的内容，从而实现个性化的营销，类似于我们常说的私人订制。

以淘宝App为例，当用户浏览或购买了一件产品后，淘宝就会在首页给用户推送相关产品或者周边产品，帮助用户从中选到最心仪的产品，从而提高用户的下单购买率。由于每位用户感兴趣的产品不止一件，所以每位用户的首页上推荐的东西也都会有所不同。

其实现在很多软件也都采用了这种模式。平台会结合用户之前的消费行为，比如“点赞”“不感兴趣”等，而给用户推荐他们感兴趣的内容。这样做广告比统一投放的效果好，因为更具有针对性，所以转化率也会比较高。

4. 做好优质内容

无论是产品还是服务，最终让用户决定是否买单的关键还是品质，即产品或服务的好坏。因此，借助各种媒体的流量宣传优质的内容，让用户看到你的产品或服务的好处，才能激发用户去购买。

三只松鼠作为顶尖的零食品牌，其在产品的品质，尤其是细节的把控上做得十分到位。当用户拆开零食包装后，附送的卡片、夹子、果皮袋等都能让用户感受到品牌方的用心，这也使得用户的体验感极佳，在吃这些小零食时，再也不用担心吃不完会受潮、散味，再也不用发愁要把果皮放到哪里了。

而这一小小的举动，能瞬间温暖用户的心。满满的好评也为三只松鼠带来了更高的销量。

运用好流量思维，品牌可以输出优质的内容。在新媒体时代，灵活地搭建场景进行营销，将创意与产品或服务的内容组合起来，向那些潜在的客户输出优质的内容，传递出值得购买的信息，可以刺激客户的购买欲，促使其在恰当的时机下单。

场景定位精准，吸引核心用户

在流量时代，要想提高用户的转化率，提高成交率，采用一成不变的营销模式是行不通的。只有做好场景的精准定位，找到产品的核心用户，才能让营销活动辐射得更广，吸引更多的用户。

每个场景有每个场景的特点，每个场景中的人群的特点也是不同的。比如去哈根达斯买冰激淋和去超市买老冰棍的用户，他们的消费观念是不同的。前者大多属于高消费人群；而后者大多属于中低水平的消费人群，即使这些人有能力进行高消费，他们也不会采取行动。因此，在搭建场景进行营销时，一定要结合产品的特点选择合适的场景，并根据不同的场景制订出不同的营销方案。

在设计场景时，如果可以找到核心用户，无论是对场景的体验感提升还是对产品的传播，都能起到事半功倍的效果。商家对场景进行了精准定位，可以让核心用户对产品和产品的应用场景都产生深刻的印象，从而促使用户跟着自己的需要进入相关的场景中，激发核心用户的购买欲。

在搭建场景时，最有效的方法是借助大数据，但是收集、分析这些数据并不是每个商家都能够做到的，而且这是个十分庞大的工程。因此，一般来说，商家可以根据产品的特点来确定场景，看产品是偏向哪个方面的，就选择哪个类型的场景，从而确保场景选择的精准性。

确定好了场景，接下来就是吸引核心用户了。那么要如何找到核心用户，实现更大的收益呢？通常来说，可以从以下两个方面入手。

1. 整理用户的基本资料

所谓核心用户，指的是有过交易历史，对商家有过贡献的用户。这些核心用户通常也会是下一批的潜在用户，因此更有可能下单。

商家在与大量的用户进行接触时，肯定也会建立用户档案，记下用户的一些基本资料，比如用户的贡献价值、曾经的下单时间等。而商家就可以根据这些基本资料对用户的贡献程度或者活跃度进行排序，从中选出对自己更为关注的用户，这些就是我们所说的核心用户。

其实这并不难理解。这就像是我们去商场购物，在一家店铺中消费的总费用如果超过一定的数额，店铺就可能赠送一张会员打折卡或者会员积分卡。他们的这种做法便是将我们当作了核心用户，希望我们能够再次去消费。

2. 寻找相关用户的聚集地

在搭建场景进行营销时，找到相关用户的聚集地，可以达到事半功倍的效果。虽然这只会辐射到某一领域的用户，覆盖的范围并不大，但是由于所针对的基本都是在某些共同的方面有需求的用户，也就是商家的核心用户成员，因此，转化率是很高的。

比如，很多喜欢看电影的人都会在豆瓣聚集，他们喜欢在豆瓣上给电影评分、写影评，因此，如果在豆瓣上进行电影的场景营销，往往会收获更高的关注度与转化率。

3. 关注核心用户的差异性

每位用户对产品的需求未必都是一样的，关注核心用户的差异性，也主要表现在关注用户对产品需求的不同上。对用户的差异性进行分析，以用户对产品的不同关注点来对用户进行分类，商家就可以更好地判断如何对某位用户进行差异化营销。

而且，关注这些核心用户的需求，商家就可以更好地配置各种场景营销的资源，让核心用户对产品或产品的应用场景产生深刻的印象，从而更好地提升这些用户的黏性，甚至让他们主动为产品做推广。

所有的场景设计的主角都是用户，可以说，这些场景的设计是围绕着用户来进行的，而其中的核心用户不仅会给商家提建议，还会帮助进行宣传推广，从而使产品吸引到更多的客户流量。比如，小米手机的单手模式，就是由核心用户提出来的。由于手机屏幕太大，女性在地铁或公交上要单手操作手机是很困难的，而这样一个场景痛点就让小米手机有了一个新的功能——单手操作模式。

我们都听说过“80/20法则”，其实，这一法则同样也适用于营销活动。也就是说，我们可以理解为企业80%的利润是由这些用户中20%的核心用户创造出来的。所以，找到那一批核心用户，对于我们的营销活动具有重要的意义。

抓住需求痛点，才是最好的体验

我们已经知道，营销的核心是用户；而要想赢得用户的心，就要搭建一种场景，让用户获得一种极致的体验，使用户觉得从这个场景中得到的东西能解决自己的痛点，这个产品值得购买。可以说，只有抓住并解决了用户的需求痛点，才能让用户对产品产生深刻的印象，从而认可你的产品。

那么，到底什么是痛点呢？所谓痛点，指的是用户在使用产品时，或者在某种场景下，所产生的抱怨、不满意等。而用户的这些痛点，恰恰是商家可以搭建场景进行营销的切入点。比如，去肯德基吃早餐需要排很长的队，而肯德基抓住用户早上需要快速地购买早餐的需求，推出了自助点餐机，解决了用户就餐要排长队的痛点，提高了点餐效率。

在流量时代，互联网所做的就是用户体验，而用户体验是一种心理上的感觉。在某些场景中，用户的体验很深刻，那么就说明你的产品触动了用户，你的场景设计得很好。用户在体验完之后，不会将其抛诸脑后。也就是说，只有能为用户所用，可以满足用户需求的体验，才算得上是合格的体验。如果场景设计无法让用户产生共鸣，那么用户的体验感自然是很差的，甚至在体验过后就忘记了。

那么，具体要如何抓住需求痛点，打动客户呢？在进行营销宣传时需要考虑以下三个问题。

（1）用户关注产品的哪些方面？

（2）这款产品能帮助用户解决什么样的问题？给用户带来什么样的价值？

（3）产品的哪些方面能够契合用户的需求？

场景的设计脱离了用户的需求，即使场景做得再精美、大气，也无法让用户产生共鸣。因此可以说，良好体验的基础是用户需求。

在2012年滴滴出现之前，人们出行的主要方式除了乘坐公共交通工具外，就是自驾。而对于那些乘坐公共交通工具出行的人们来说，公共交通虽然也很便利，但是当自己的目的地与车站相距较远或者比较偏僻时，公共交通就很难满足要求。如果打出租车，不仅难打，而且价格也高，甚至很可能打到黑车。所以，出行问题一直是人们的需求痛点之一。而滴滴抓住了这一痛点，推出了滴滴出行。

这款软件可以让用户在出行时用较少的时间和较少的费用打到安全的车。逐渐地，滴滴在人们的出行场景中就占据了极其重要的地位。

而且，随着对用户痛点的挖掘，滴滴已经从一款出租车打车软件，逐渐成长为涵盖出租车、专车、快车、顺风车、代驾以及大巴等多项业务的一站式出行平台。

滴滴找到了用户的一个有力的痛点，并抓住了这种需求痛点，致力于解决用户的痛点，从而提升了用户的体验，也吸引了越来越多的用户流量。

在找用户的需求痛点时，要注意以下几点。

1. 只要是痛点就有价值

一个产品，想要让人买单，就要解决用户的一个甚至多个痛点。不论是大众痛点还是小众痛点，其背后都隐藏着有价值的功能诉求点，它们对于产品的销量提升都是有帮助的。尤其是在流量时代，用户的一个痛点就可以是一款产品的卖点，甚至可以是产品的主要特色。因此，不放过任何一个痛点，针对痛点解决用户的需求，往往能取得不错的成绩。

2. 在具体的场景中找痛点

一个新产品或者新服务上线，如果想要获得用户的认可，就要占领用户的生活场景，即让用户觉得他在生活中是需要这款产品或者这项服务的。代表用户生活场景的时间和空间都是有限的，对用户来说，在同一个时间和空间中，他们一般只会选择一种产品。因此，为了更好地吸引用户，很多商家会推出大同小异的产品，希望满足用户的不同需求，而这实际上就是品类之间对用户的竞争。

场景是很重要的，产品和营销都需要基于特定的场景来进行。不论什么样的产品，都要根据用户在某个场景中的痛点来进行设计，这除了可以解决用户的痛点外，还可以大大地提升产品的体验感与价值。

有个概念叫“非补偿性决策法则”，意思是如果用户十分关注的一个点你无法满足，那么即使你在其他方面让步，或者做得超出用户的预期，用户也不会改变主意。举个例子，如果用户更关注一款产品的环保性能，而你的产品无法满足用户的这一要求，那么即使产品做得再美观，用户也不会购买。

也就是说，如果在设计产品时，没有针对用户的痛点去设计，那么即使产品的其他方面做得再好，也无法打动用户去下单。

找到用户的需求痛点，搭建用户感兴趣的场景，并基于具体的场景来设计产品，可以更好地刺激用户的购买欲，促使用户购买。

有温度的场景体验最能俘获人心

在流量营销时代，似乎一切营销都可以按照既定的模式去进行，但这种固有模式所带来的效果并不可观。在生活越来越便利的时代，人们迫切需要体验那些有温度、有人情味的场景，这会给人们带来耳目一新的体验，也会让人们的心灵受到触动。

要设计出有温度的场景，就要了解人们的需求，使用户能与产品产生情感共鸣，让用户在产品的场景中找到情感的宣泄点。在这一点上，维吉达尼就做得很好。

维吉达尼是一个在互联网上小有名气的新疆农产品品牌。

维吉达尼缘起于喀什援疆社工和志愿者团队的一次暖心行动。五位援疆社工和志愿者被新疆农户的天然农产品和故事深深地打动了，尝试通过社会化营销，用电子商务的方式解决农户天然农产品滞销的难题。

在创业之初，维吉达尼就与农户建立了联系，维吉达尼每天在社交媒体上推送新疆的信息，讲述农户的故事，希望借此传达出可靠、温暖的信息，帮助品牌获得更多的客户。消费者们吃着天然的农产品，用手机和电脑感恩着农民们的劳作。

这种有温度、有人情味的营销方式也使众多的名人在微博上转发相关信息，于是，维吉达尼的知名度迅速提升。

现在，维吉达尼每上市一款产品，就会讲述产品背后与农户相关的故事，使品牌背后的农户与用户建立了联系，形成了一个温暖的社群，从而不仅取得了营销活动的成功，还大大地提高了用户的留存率。

从维吉达尼的成功中我们可以看出，获得用户的情感支持能增强营销的效果。维吉达尼为产品注入了有温度的故事和由故事引发的情感，使用户产生了情感共鸣，从而大大提高了故事的可读性与分享性，使产品与品牌的传播效果都超出了预期。

其实，要构建有温度的场景，关键还是要从用户的体验出发，温情、走心，用户自然能感受到产品或品牌的诚意。

民生银行将每年的6月6日定为零售银行的“懂你主题日”，围绕“我懂你”这个主题，以互动活动推出一系列的金融产品，并传播“懂你的银行”这一主题，让用户对民生银行形成新的品牌认同感。

在主题日当天，民生银行为了提升用户体验，除了进行日常的业务外，还开展一系列暖心的活动。

比如，用户可以用手机扫描活动现场的二维码，生成一个电子明信片，也可以在现场大屏幕上投放明信片，实现即时互动；而且，现场也准备了打印机，用户如果有需要，可以将明信片打印出来，寄送出去。

而且，整个活动将线下与线上方式结合起来，用户也会主动分享自己的经历与体验，整个场景给用户留下了深刻的印象。

民生银行这种贴近用户的传播风格，让营销活动本身就成了一个有力的传播点，让银行摆脱了以往在大众心中的刻板印象，也提升了银行自身的品牌形象。

民生银行的这一系列活动，不仅仅向用户传达了“我懂你”，更为用户营造出了一个“有人懂我”的场景，而这些有温度的场景才真正打动了用户。

流量时代的来临使得人们获取信息越来越便捷，生活节奏也越来越快，因而人们更注重体验。如果商家可以真正做到以用户为中心，为用户营造出一种温暖的场景，让用户受到触动，那么用户与产品或品牌的距离就会更近；用户与品牌进行深度的沟通，商家就可以进而留住用户。

强烈的参与感是场景创建成功的标志

创建场景的目的是让用户对产品有一个清晰、准确的认识，尤其是网络化营销，用户无法直接接触到产品，很难参与其中，而创建场景则可以很好地解决这一问题。商家通过创建产品的使用场景来引起用户的参与感，让用户感觉自己仿佛置身其中，而不再只是个旁观者。用户的体验感增强，营销的效果自然就会更好。

比如，现在很多电视剧在网络播出时都提供了发弹幕的功能，观众可以一边看剧一边发表自己的看法，观众的参与感变强了。再比如，为了提升观众的参与感，春晚还推出了抢红包的活动，为观众营造了身临其境的场景体验。

而且，用户有了参与感，就会更乐于为品牌或者产品做贡献，进而有助于商家吸引到更多的粉丝，收获更多的黏性用户。

奥利奥就利用新吃法来诱导用户参与到活动中去。

一提起奥利奥，人们就会自然而然地想到扭一扭、泡一泡、舔一舔。但这种经典的吃法未免缺乏新意。

为了能让用户参与其中，营销人员便通过社交媒体来诱导用户发明新吃法。众多的年轻人纷纷踊跃参与，一时间，夹寿司、夹芥末、夹番茄酱等新吃法层出不穷；还有的用户将饼干打碎，做成酸奶冰激淋、雪糕等。

后来，奥利奥还推出了新口味——芥末味和辣鸡翅味。这两种新品刚上架9小时就被抢购一空。

奥利奥主动分享并诱导用户发明新吃法，使自己的品牌又一次出现在了用户的眼前。用户的参与和分享也是一种营销宣传，这不仅提高了品牌的话题度，增强了品牌与用户之间的互动，还提升了用户的参与感与满足感，产品的流量转化率自然也不会低。

随着科技的发展，VR（虚拟现实）技术也为场景设计提供了更为便利的工具。宜家就利用VR技术为用户创建了一个让人身临其境的场景，让用户可以提前设计并感受自己的厨房家装效果。

宜家曾推出了一款名为“宜家VR体验馆”的App。

“宜家VR体验馆”借助VR工具HTC Vive满足用户提前感受厨房布局的需要，把用户带到1：1的虚拟宜家厨房中。用户还可以自由改变橱柜和抽屉的颜色进行体验，直到满意为止。

运用新科技，用户可以通过VR自由设计厨房，为日后打造理想空间做准备；而对于潜在危险，也可以及时发现，尽早避免。

场景参与是目前比较重要的场景创建方法。用户参与到各个场景中去，就会在各个场景中倾注自己的心力，比如点赞。

要将用户带入各个场景，可以有多种场景设计的形式，比如让用户听得到、看得到，或者与用户进行互动、双向交流等，只要能设计出其中的一种场景，用户的参与感与感受度就会大大提升。而且，用户的主体地位也会进一步提升，由原来的以被动接受为主的状态转变成以主动感知为主，用户也具有了更多的自主选择权。

用户也就是你的产品的消费者，是你销售的目标对象。让用户参与到产品的场景中去，他们会提出自己的建议与想法，这比让商家去揣测用户的需求更符合实际，也更能让用户为设计出来的产品买单。

线下营销比线上营销更能让用户对产品有真切的认识，但是创建场景进行线上营销，则可以有效地弥补这一不足，让用户身临其境地体验产品的各项功能。因此，创建出合适的场景，运用技术手段，将真实的场景环境模拟出来，用户的体验效果会更好。

营造对用户有利的场景做活动

搭建场景进行营销的目的就是吸引用户流量，提升用户转化率，那么，营造对用户有利的场景显然是更有效的方法。对于对自己有利的东西，人们本能地就有一种驱动性。因此，在设计营销场景时，商家可以多让用户尝尝甜头，这样不仅可以提高产品或品牌的知名度，还能给用户留下一个好印象，甚至会引发用户的主动宣传。

做优惠活动来吸引用户是商家常用的手段。但是有些商家可以利用活动场景取得良好的营销效果；而有些商家举办活动时场面热热闹闹，活动过后却并没有实效。其实，举办活动也是有讲究的，只有对用户有利的、让用户从心底觉得这是值得的，他们才会心甘情愿地买单。

1．做赠送活动

对于商家来说，如果想要最大限度地吸引用户，那么举办赠送活动是一个很好的办法。但是赠送不代表可以放松警惕，不代表可以不用心。有些商家会有这样的想法："赠送的还有什么可挑剔的？白给的，给什么就拿什么好了。"

其实不然。做赠送活动虽然看似在赔本，但实际上这是为产品和品牌做宣传的好时机。众多用户领了产品，自然也会使用，如果使用体验良好，那么就不愁这些用户一去不返了。因此，即使是赠送的产品，也一定要保证质量，不要让这些赠送产品影响了口碑。

当然，做赠送活动也需要有时效性，让用户有一种过时不候的紧迫感。如果缺乏这种紧迫感，用户很可能会将这件事情抛诸脑后，活动对用户的吸引力也就没那么大了。比如，你手里有一张餐饮店的免费用餐券，如果这张用餐券没有标明截止日期，那么你很可能把它放到盒子里，不知道什么时候才会翻出来；而如果这张用餐券上标明了活动的截止日期，在这一段时间内，你很可能就会再次走进这家店铺。

对于用户来说，可以免费获得一些东西自然好；但是对于商家来说，赠送只是一个开端，如果这场活动没有引起接下来用户的一系列活动（分享、购买等），那么这场活动做得就不算成功。

2. 用奖品激发用户的购买欲

在流量时代，线上方式的传播力和影响力也更大。因此，商家可以在线上举办各项活动，给用户分发一些奖品。当然，商家所能辐射到的只是关注自己店铺的一部分人群，但是如果借助线上平台组织“转发有礼”或者“分享有礼”的活动，那么能看到这些活动的人就不光是一部分人了。

而且，人们对这种活动也不排斥，反而很乐意主动分享给自己的亲朋好友，让亲朋好友也跟着“沾光”。对于商家来说，这种营销方法确实是一个很大的突破。

因此，商家应该抓住用户的这一心理，利用一些有价值的东西来刺激用户，使用户成为店铺的积极推销员，让更多的人了解、加入这些活动，从而使场景营销活动的影响力达到最大。

3. 优惠要符合用户心意

打折、促销等优惠活动现在随处可见，但是人们还是倾向于在节假日或者一些特殊的节日大肆购物，这是因为在这些节日，优惠的力度更大，比平时买更划算。由此可见，如果商家要推出优惠活动，活动的力度一定要能够符合用户的心意，能够打动用户。

当然，做优惠活动也要讲究时间，不能每天都搞活动，否则只会让用户觉得你的产品不可信，觉得你的优惠活动有猫腻，那即使搞优惠活动，也很难收获用户。所以，优惠活动既不能太过普通，也要选对时机，最好是结合当下的时间组织活动，只有在当时当下才能参加优惠活动。

此外，赠品也很重要。如果商家赠送给用户的是用户当下不需要或者根本用不到的东西，那么这次的优惠也就失去了意义，用户不会因此而关注你的产品或品牌。

在移动互联网时代，人人都是分享者。用户不再仅仅是信息的被动接收者，在接收这些信息的同时，用户也会有选择性地将这些信息分享出去。每个人都有自己的社交圈，而如果用户可以将这些信息分别分享出去，如此循环下去，那么商家所收获的用户流量与关注度也是十分可观的。因此，利用流量时代的便利，营造对用户有利的场景去做活动，可以使营销活动的效果发挥到最大。

第四章

创造优质内容，有价值的信息才能吸引用户

在物质丰富的当代社会，用户是否购买一款产品，看的不仅仅是产品的物理功能，尤其是在现在产品同质化越来越严重的大背景下，用户更为看重产品所代表的价值观、产品中蕴含的深层意思等。因此，要想成功地吸引用户，商家就要在产品的内容上下功夫，为用户提供实用、有价值的信息，让用户可以更为便捷地获取自己所需要的优质内容。

“内容为王”成了移动互联网时代营销工作的主流呼声。商家要为自己的产品创造优质的内容，从满足用户的需求出发，进而提高产品的曝光度与用户的关注度。

优质的内容要满足用户的需求

我们做流量营销，吸引流量只是第一步；在将用户流量吸引过来之后，如果想要留住这些流量，就要做好内容。只有当用户觉得内容有趣、值得留下时，我们才能真正获得流量转化率。

有些人过于注重前期的宣传，虽然吸引了大量流量，但是内容不过关，结果导致用户连连吐槽，也流失了一大部分潜在用户。比如，有些电影，未上映之前，宣传工作做得十分到位，吸引了大量流量，但是由于内容太差，结果网友一边倒地批评，评分逐渐下降，口碑迅速跌落，最终票房惨淡。相反，有些电影虽然没有做太多的宣传，但是由于内容过硬，往往在上映后能收获一众好评，赢得很高的票房。

由此可见，只有内容达到了一定的品质要求，满足了用户的需求，才能获得更持久的用户流量，用户也才愿意为此买单。

在互联网快速发展的时代，产品的同质化越来越严重，差异性越来越小。如果想要吸引并留住更多的流量，就要对产品的内容进行深入的挖掘，通过内容表达的情感来打动用户，从而使用户与产品建立联系。

2017年999感冒灵的暖心短片《总有人偷偷爱着你》，以走心的营销内容触动人心。

作为药业品牌，999感冒灵没有将目光停留在产品的功能上，而是利用先抑后扬的剪辑方法，通过改编真实事件，讲述了6个反转小故事。

（1）抑郁症女孩无法忍受生活，在网上提问：“动脉在哪里？越快越好。”

——这一消息发出后，女孩收到了很多暖心的回复。比如：“这个你不用知道，医生知道就好了，我们爱你。”

（2）想买杂志的女孩被老板“呵斥”，女孩只好悻悻地离开。

——原来，报亭老板发现女孩被小偷盯上了，所以才“赶走”她。

（3）急着赶回公司的职工忘记系上安全带，结果被交警拦下。

——原来，交警拦下他不是要罚款，而是他的油箱盖没有盖好，交警帮他盖上。

（4）马上就到送餐时间了，送餐员好不容易进了一部电梯，电梯却警示超重了，送餐员只好出了电梯，等待下一趟。

——结果，电梯里一位好心的大哥主动走了出来，让送餐员进去。

（5）一名收破烂的老大爷骑着三轮车剐蹭了一辆汽车，汽车车主从后备厢拿出铁棍，气势汹汹地朝着老大爷走去。

——结果，这位汽车车主用铁棍在三轮车上敲了一下，表示“扯平了”。

（6）凌晨，一名喝醉酒的女人在大街上走着，被一位路过的大哥偷拍。

——原来，这位大哥是担心她出事，所以拍照报了警。

在广告的结尾，浮现了这样几行字：“这个世界没有想象中的那么好，但似乎……也没那么糟，这个世界，总有人偷偷爱着你。”

这6个暖心的小故事，让人们深受感动。999感冒灵也在人们心中树立起了“温暖人心”的品牌形象，打造出了产品的情感价值。

移动互联网时代是流量为王的时代，当商家做好了自己的内容，满足了用户的需求后，这些内容很可能会瞬间火遍网络，登上热搜。可以说，流量是建立在好的内容的基础上的。有了好的内容，才能获取更多的流量。如果内容无法满足用户的需求，就无法获得用户的关注，更不要说获取流量了。

在流量快速更迭的时代，流量可以迅速聚集，也可以快速流失。如果商家无法满足用户的需求，用户就会迅速离开，关注那些可以满足自己需求的产品或品牌。这为商家吸引用户提供了便利条件，同时也对商家的产品品质提出了更高的要求，只有产品的内容足够打动用户，才能留住用户。

读图时代，用美图增加流量

移动互联网时代是一个读图的时代，图片对人们的吸引力比文字的大得多。而且，图片能给人一种直观的、美的感受，这是文字难以达到的效果。

图片能起到“一图胜千言”的效果。一张图片所表达出来的内容，往往需要用很多文字来描述，而在这个快节奏的时代，人们往往没有耐心看完一大段文字、一整篇文章，而图片有易于理解、感受直观的特点，因此备受人们的青睐。

不论是一篇公众号文章，还是一款产品的详情页介绍，图片都是必不可少的一部分。很多人在用微信聊天时，喜欢用表情包图片来代替文字，因为这既能活跃气氛，又不需要自己打字，这恰恰可以说明图片的强大之处。

当然，视频也同样能给人一种直观的感受，但是要了解一段视频的内容，往往需要先播放一段时间；而人们只需要看上图片一眼，就基本可以明白图片中的内容是什么了。因此，从这个角度来说，图片具有视频也无法达到的效果，更能给人带来强烈的视觉刺激。

一家网上服装店的销量不是很高，评论区的评价也很少。店主想要提高销量，便向自己的朋友请教：“我们店铺的服装质量不错，价格也公道，可以说性价比是挺高的，可是为什么购买的人这么少呢？”

朋友给他提出建议：“我刚看了下你们的服装简介，做得确实不错，但是都是你们自己拍的照片，消费者难免会心存疑虑。如果你能让那些购买你商品的用户在写评价时附带上照片，我想效果会好得多。其他人看到这些真实的服装图片，自然会觉得可信度更高，相信购买的人会越来越多。”

店主听了朋友的建议后，便在店铺举办了活动：“凡是购买本店商品的顾客，在收货后评价时附带上3张清晰的服装照片，即可领取本店的优惠券一张。”

活动开展之后，网店的客户逐渐多了起来。购买过商品的顾客在评价时也大多会附上好看的照片，这为网店吸引了不少的流量。

图片比文字更有趣、更好看，这是一个不争的事实。做好图片这项内容，同样可以吸引到流量。

在互联网快速发展的大环境下，用户的审美水平也越来越高，这就使得商家要做出更多的美图，用图片来说明产品的性能，从而获得更多的用户关注。

在营销内容的创作上，商家还要正确地认识美图的价值。丰富的内容承载性和直抵人心的快速传递性，让图片成为内容时代的竞争标配。塑造具有个人特色的产品内容，也更容易打动追求个性化审美的大众群体，从而获得用户的审美认同，提升用户的黏性。

设计一个有吸引力的标签

在产品同质化比较严重的互联网时代，为产品设计一个有吸引力的标签，更能让产品脱颖而出，吸引用户的注意，让他们的目光不再一掠而过。

标签是对一个产品的概括与定位，也是对产品的宣传。一个合适的标签可以体现出产品的功能与特性，让用户通过标签来了解产品。而且，一个有吸引力的标签往往能吸引一批具有相同气质的人，使产品的风格更好地体现出来，从而提高产品的知名度。

蘑菇街的解忧买手店就是利用标签扩大营销宣传的典型案例。

蘑菇街的用户大多为“95后”，他们在穿衣打扮方面还没有找到一个适合自己的定位，买的衣服不是风格不合适，就是搭配不合理。蘑菇街抓住用户的这一痛点，开始精挑细选一些内容来吸引并留住这些用户，比如分享明星的购买清单，推荐品质好、价格合理又易于搭配的衣服，等等。

蘑菇街联手某明星虚构了一家解忧买手店。神秘帅气的买手店主，也就是某明星，通过神奇的穿搭术帮助那些为穿搭所困惑的女生们解决烦恼。天生倒霉的女学生、不小心穿越的“漫画控”、一天一变的麻烦女友……当她们遇到解忧买手店后，上演了一场场时尚主题穿搭秀。

蘑菇街致力于打造“买手”形象，通过短视频以及营销活动等达到了目的。用户在潜移默化中也认同了“蘑菇街=买手”的品牌形象，因此，当这些用户一想到穿衣搭配时，首先就会想到去蘑菇街上看一看。

可以说，一个有吸引力的标签能使品牌的特征更加明显。标签对于产品或品牌来说，至关重要。这不仅可以改变用户对产品或品牌的认知，还会影响到产品或品牌本身。

我们常说不能随便给人贴标签，但实际上，标签效应也有好的一面。如果一个人被贴上了某种标签，他就会潜移默化地主动调整自己的形象，朝着这个标签靠拢，使自己的行为与标签相符合。这也说明了标签的强大作用。同样的，如果品牌给自己贴上了某种标签，或者用户对品牌产生了某种好的、固定的认知，那么品牌就会积极地朝着那个方向努力，向标签靠拢。

历来以“健康好水”为标签的农夫山泉，在给产品定标签这一点上就做得很好。

从“农夫山泉有点甜”到“我们只做大自然的搬运工”，农夫山泉的广告体现的都是“健康好水”的本质。农夫山泉坚持水源地建厂、水源地生产，全部的生产过程全在水源地完成。每一瓶农夫山泉，都经过了漫长的运输路线。

为了让人们更好地体会农夫山泉“健康好水”的特征，农夫山泉还拍摄了一部十分唯美的广告片，片中所有的画面都是从农夫山泉的水源地取景的。广告片用精美的镜头为人们展示了神圣的长白山脉、珍贵又稀有的紫貂、充满力量美感的东北虎和呆萌可爱的东北马鹿，配合皑皑白雪与清澈的泉水，画面清新自然，给人一种沁人心脾的感觉，让人们真正体会到农夫山泉是真正的“健康好水”。

农夫山泉给自己定了一个合适的、有吸引力的标签，让用户对这个品牌的认知也从这个标签开始，从而赢得了很多用户流量，使这个品牌逐渐被众多的消费者接受并认可。

具体来说，商家在为产品或品牌设计标签时，需要考虑以下两个方面：

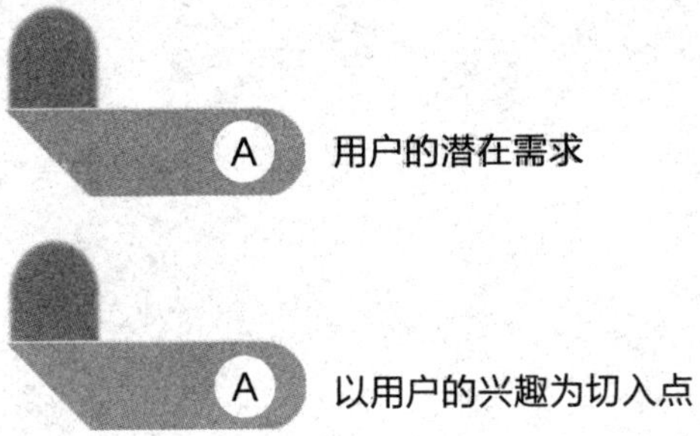

1. 用户的潜在需求

无论向用户推荐什么产品，都要从用户的角度出发。只有了解了用户的潜在需求，知道用户的关注点是什么，我们才能更好地为自己的产品设计出可以吸引用户的标签，让用户因为这个标签而对产品感兴趣，进而成为产品的忠实粉丝。

2. 以用户的兴趣为切入点

设计产品标签的目的是吸引对标签感兴趣的用户。因此，在设计标签的内容时，一定要注意言简意赅、丰富生动，并要注意以用户的特征和兴趣为切入点，让标签的内容更容易被传播，从而通过标签塑造出产品或品牌的良好形象。

一个没有吸引力的标签很难引起他人的注意，也就无法吸引到流量。因此，为产品设计标签，是移动互联网时代商家必须做的事情。产品的品质有保障，这是留住用户最基本的前提；而设计一个有吸引力的标签，则可以让产品传播得更广，吸引到更多的流量，也是提高产品销量的契机。所以，用心想一想，花费一些时间和精力，为你的产品设计一个标签吧，这些投入会为你带来超值的收获。

制造热门话题，提高曝光度

在流量时代，我们都知道热门话题的重要性。一个热门话题，几乎人人都知道，在交谈时几乎人人都能参与其中。其实我们做产品，也需要让产品曝光，出现在人们的视野中，而制造热门话题就是一个不错的途径。

很多明星被人们所熟知，往往不是通过他们的作品，而是通过某个热门事件。要想让产品被人们所熟知，商家除了要宣传产品的品质外，还要通过热门的话题吸引更多的用户关注，甚至让原本并不关注这款产品的人也对它有所了解，从而提高产品的曝光度，提高产品的销量。

作为老国货品牌的六神花露水，为了收获更多的年轻用户，在做营销时就花费了心思。

六神花露水针对年轻人群体，发布了一段短小有趣、充满创意的视频——《花露水的前世今生》。视频中不仅谈到花露水名字的来源、身份地位，也谈到如今最为著名的国产花露水——六神花露水。

而且，为了更符合年轻人的观看体验，视频中的语言也很诙谐有趣，比如：

“在花露水刚刚诞生的年代，它绝对是身份和品位的象征，出入十里洋场的旗袍妹子们人手一支。如果谁出门不喷点花露水在手帕上，都不好意思跟人家打招呼。

“时光如高铁，岁月如动车，中国人的生活越来越国际化，各种进口香水逐渐占据了美女们的梳妆台。

“如今花露水早已不是‘白富美’们的专利，在滴了几滴六神花露水的木桶里洗澡，成为很多孩子心中最惬意的童年记忆。”

此外，在夏令时节，六神花露水在发布新品活动时，选择邀请众多明星在社交平台上代言，利用明星自带的流量来提高产品的曝光度，引发全民讨论。这也刺激了年轻消费群体的购买欲。

当然，六神花露水也没有放过自媒体渠道。一篇《乾隆抛弃大明湖畔夏雨荷其实另有隐情》的自媒体文章获得了近60万的阅读量，诙谐有趣的广告形式也让六神花露水成为年轻人讨论的热点话题。

六神花露水利用年轻人喜爱的方式来制造话题，对产品进行强曝光，也加深了年轻人对六神这个品牌的理解与认识，使年轻人对这个产品以及品牌瞬间心生好感。

热门话题是需要自己去制造的，普通的商家也可以通过制造热门话题来提升产品的曝光度。在移动互联网时代，流量就是价值，而制造热门话题是吸引流量的一个有效手段。也可以说，谁能够制造出热门话题，提高产品的曝光度，谁就能将产品卖得更好。

很多人都疑惑：现在的热点话题来得快，去得也快，真的能有这么大的影响力吗？其实，一次热门话题的曝光，已经可以给商家带来足够的流量，而这些流量带来的效果往往会超出人们的想象。而且，热门话题所带来的不仅仅是一次的流量提升，还有可能帮助商家挖掘并吸引到更多的忠实用户。所以，不要在还未开始行动前就质疑。如果商家真的能制造出热门话题，那么所产生的效果会很持久。如果你的店铺变成了“网红店铺”，那还担心没有足够多的流量吗？

塑造产品视觉形象，提升关注度

产品的视觉形象是影响人第一感受的重要因素，可以说形象就是产品的无声代言。一个生动有趣的产品形象，更容易被人们记住，而且，这对于产品的宣传也有重要的作用。

在移动互联网时代，一张有创意的图片都可能引发人们的大量下载与转发，带来很多流量。如果设计一个生动有趣的产品形象，同样也能俘获一部分人的心。

三只松鼠就利用三只软萌可爱的小松鼠的形象，迅速吸引了大量的流量，赢得了人们的青睐。

三只松鼠是以坚果、干果、茶叶、休闲零食等的研发、分装及销售为主的互联网食品品牌。

三只松鼠的LOGO是三只可爱的小松鼠，它们的名字分别是小美、小酷、小贱。小美张开双手，寓意拥抱和爱戴每一位顾客；小酷紧握拳头，象征三只松鼠拥有强大的团队和力量；小贱手势向上，象征着青春活力和永不止步、勇往直前的态度。LOGO整体是一个三角形态，边缘圆润，既给人一种稳定感，又让人觉得十分和谐。

三只松鼠的产品形象非常生动可爱，让人们一下子就记住了这个品牌。随着三只松鼠品牌的强势发展与广告的投入，消费者对这个品牌的认知也更加深入。三只松鼠已经成为休闲零食中具有代表性的品牌。

生动有趣的形象，就等同于吸引力和流量。在移动互联网时代，生动的产品形象能够给产品带来更多的关注度。因此，塑造一个好的产品视觉形象，就是在吸引流量。

内容要能够引发用户分享

在流量时代，商家的产品要想赢得更多的用户，就要具备社交分享的功能。因为社交媒体的多样化使得产品除了要能解决用户的功能性需求之外，还要能维持人与人之间的联系，表达出人们的情感。很多商家也都注意到了这一点，所以在举办一些线上线下的活动时，都会利用社交分享功能，让用户主动分享一些信息，达到宣传的效果。

众安保险采用“社交红包＋机场延误险”小程序的方式，为传统的返现模式融入社交红包，引发了用户的积极分享。

众安保险推出了一款高频互动的延误险小程序，推动机场延误险的售理工作。

众安保险将机场延误险购买期限延长至起飞前40分钟，用户只要购买了飞机延误险，在小程序中就会根据时间的变化获得随机红包。飞机每延误30分钟，用户就会获得一个随机红包补偿。

而且，乘客在选购机场延误险后可以设置“立减金”，只要将“立减金”转发给自己的好友，乘客便能收到金额不等的现金，好友也会有所获益，这大大地提高了拉入新用户的效果。

众安保险的机场延误险利用社交分享功能来解决用户的痛点，既化解了用户遇飞机延误时的焦虑与不满心情，缓和了用户的情绪，又使用户主动传播，提高了新用户的转化率。

流量时代信息的传播是十分迅速的，以用户的体验为中心，让用户主动分享你的产品，最终的用户转化率是十分喜人的。当然，除了设立立减金、采用拼团等方式进行营销宣传外，以产品为主进行营销，也很可能会引爆流量。星巴克的猫爪杯就是因为产品而爆红的典型案例。

猫爪杯，是星巴克于2019年2月26日在门店发售的一款限量粉色猫爪形双层玻璃杯，因杯子的造型独特，且数量有限，不少市民为了购买杯子彻夜排队。

猫爪杯在设计上做了一些处理。猫爪杯采用透明玻璃材质，杯子内层设计为猫爪形状，外层印有樱花图案，当内部倒入带颜色的液体时，猫爪形状就会变得明显。这样的设计除了能引发消费者的好奇心之外，还与消费者产生了互动。而且，杯子的细节设计让消费者都萌发了“少女心”。

随着抖音和小红书等平台的相继宣传，人们对猫爪杯的消费欲望更加强烈。再加上已经购买了猫爪杯的消费者开始在社交平台晒图，又使得更多的人想要购买猫爪杯，似乎只有买到了猫爪杯才能证明自己是一个追赶时尚的人。

于是，这款高颜值的杯子，就变成了一个稀缺的产品，引发了戏剧性的抢购狂潮。

因为有了社交媒体对猫爪杯的流量加持，再加上社交平台上的分享，购买猫爪杯似乎成了人人都想做的一件事。

从根本上来说，猫爪杯本身就是一个好产品，产品的设计符合爱猫人士的心理，这种“卖萌”的产品本身就很打动消费者，而使消费者不再考虑产品本身的功效与价格。而社交流量则将这款产品变成了爆款产品，使消费者从内心产生一种攀比心理，从而燃起了极强的购买欲望。

星巴克看似没有做广告，但实际上，杯子的销售就是一次流量巨大的广告行为。而猫爪杯的爆红，正是他们凭着对潮流的洞察和巧妙的设计，在流量时代掀起的一阵分享狂潮。

要想开展有效的社交营销，使用户自发主动地分享产品，还可以进行主题式的内容营销，即结合用户感兴趣的主题来提升话题的热度，比如“春节你回家吃饭吗”“毕业那些事”“忘不了的初恋”等，邀请那些有故事的用户参与其中，让用户自发地进行分享，从而达到良好的传播效果。

在流量营销时代，做好内容的营销，用好的产品品质来吸引用户主动转发与分享，将产品的社交属性充分地发挥出来，那么不仅容易获得更多的用户流量，还可以提高老用户的黏性。

第五章

差异化创新，实现产品爆红的营销之路

创新一直是流量时代的主流话题，那么要如何创新呢？其实，创新可以有多种方式、多种选择。比如，可以从产品方面来创新，通过升级设计推出新产品；也可以从产品包装方面来创新，通过设计一些符合主流消费群体审美的包装来打动用户；还可以从营销方面来创新，通过一些有趣的话题引起用户的讨论，使吸引来的流量形成购买力；等等。

当然，进行差异化创新，在流量初期可以依靠单品爆红，但是如果想要延续和承接流量，后期还要有其他产品能留住用户，从而提高流量的转化率，提升用户的复购率。

“自黑”同样会带来流量

在移动互联网时代，“自黑”式营销同样能获得很多流量。对于品牌来说，“自黑”既是反思，也是进取。在适度的范围内，用剑走偏锋的诙谐方式为品牌宣传造势，往往会带来意想不到的效果。

高级的“自黑”从来都不是品牌“自嗨”，而是一场用产品戳中用户痛点，引起用户共鸣情绪的有效互动。毕竟，“自黑”只是手段，营销才是目的。

作为一款电子阅读器，Kindle也走上了“自黑”式营销的道路。

Kindle的定位是专注为阅读而设计，一直将自己的宣传重点放在“推广阅读”上。可对比手机和平板电脑，它能做的事情实在很少。于是有网友调侃：“用Kindle盖出来的泡面，总有一股沁人心脾的墨香！”

没想到，Kindle也开始了官方吐槽，为全新Kindle青春版电子书阅读器配上了一句“盖Kindle，面更香”的文案，令其实现了从一个阅读“神器”到泡面“神器”的华丽变身。

官方的“自黑”，让网友瞬间兴奋了起来，网友纷纷表示喜闻乐见。随着“吃瓜群众”的加入，“Kindle盖泡面”更是轻轻松松上了微博热搜。

在接下来的4月23日（世界读书日），Kindle又将“自黑”推上了一个新高潮。在这一天，Kindle推出了“书面搭配”系列营销活动。Kindle脑洞大开，将各种书与各类面巧妙搭配，告诉大家什么书配什么面最香，让人在意想不到之余，也觉得颇有趣味。

比如，《老人与海》搭配海鲜面，《三体》用数字连接了三鲜伊面，《平凡的世界》对应的是红烧牛肉面，《菜根谭》的人生百味则对应酸菜面的酸爽。

这一波“自黑”式营销，让Kindle与自己的年轻受众群体更贴近了，也得到了更多用户的关注。

“自黑”式营销，虽然看起来简单，但其实对于品牌来说还存在一定的风险，如果掌握不好尺度，很容易就会弄巧成拙，反而会损害品牌自身的形象。不过，对于那些拥有过硬产品的企业，“自黑”也可以看成是“自谦”的另外一种说法。

作为被教育部选中的网课平台，钉钉在被小学生打“一星”时就开始示弱，火速向阿里家族的其他成员求助。

钉钉便利的上课软件系统让众多的小学生叫苦不迭，他们甚至不约而同地在钉钉App上打一星评价，企图让软件下架。结果没过几天，钉钉的评分就从4.9分跌到了1.3分。

一些一星评价如下：

“钉钉这个软件，我个人感觉是非常好呢。我这样说可能有人会问我了：你觉得好为什么只给一星啊？我说：关键是它不让给零星啊，你心里没点儿数吗？”

“这软件挺好的，让我体验到了原来放假之后也不无聊啊。”

“这么好的软件，给一星好评。”

钉钉见势头不妙，便火速向阿里家族的其他成员求助，于是，支付宝、淘宝、天猫、阿里云等便一起为钉钉拉票求情。

支付宝：网络一线牵，珍惜这段缘！五星好评就别分期了，一口气整上吧。

淘宝：哈哈哈哈哈哈哈，大家看在我的面子上给小钉多打两颗星吧。

天猫：心疼我家钉钉，抱抱。

阿里云：老铁，盘它，给它上分！

在这一波充满趣味性的操作后，钉钉不仅恢复了评分，小学生对钉钉功能强大的评价，也让钉钉又顺势收获了一波好口碑。

遭遇小学生对自己的“不公平对待”，钉钉没有硬碰硬，反而是先示弱，寻求其他软件的帮助，从而使自己的“黑点”变成了其他人心中的“优点”，真正地实现了让用户“黑转路、路转粉”。

“自黑”既是一种境界，也是一种沟通方式。在流量时代，很多品牌都在积极地寻找与用户交流沟通的方式，而“自黑”显然相当符合当代年轻人所喜欢的风格。调侃、“自黑”，其实会让品牌变得更加亲切、接地气，所带来的流量也比较正向。这种以退为进的营销方式，非但不会造成负面影响，反而还会提升用户对品牌的好感度，为品牌找到正确与消费者沟通的方式。

有趣是产品流量的核心

对于年轻用户来说，没有什么比有趣更能吸引他们，好玩、有趣的产品才能引起他们的关注。如果产品始终没有创新，或者不够有趣，那么就很难引起人们的注意，自然也就难以收获更多流量。

故宫博物院的文创产品，当属有趣产品的核心代表。

故宫博物院，拥有有着600多年历史的宫殿，在社交媒体上拥有超过770万粉丝，每年游客1700万左右。

2010年10月，故宫博物院为了售卖周边产品，上线了“故宫淘宝”。“故宫淘宝”是由北京故宫文化服务中心开设的官方销售网店，运营方原本是希望通过电子商务的形式传播故宫文化。但是当时的周边产品，大多是旅游景点纪念品。对人们来说，这是一堆价格昂贵却新意不大的产品。因此店铺销量不尽如人意，所获关注度并不高。

为了更好地宣传，“故宫淘宝”开通了微博和微信账号，原本庄重严肃的故宫博物院玩起了新媒体。

2014年9月，故宫博物院推出时尚文化创意产品——朝珠耳机，即将耳机做成清朝大臣们佩戴的朝珠样式。此款产品上线后引发了购买热潮。“朝珠耳机”的推出也迅速拉动了故宫淘宝的销售额和关注度，并且其在第六届博物馆及相关产品与技术博览会上获得了“文创产品优秀奖”。

现在，故宫淘宝店内销售的商品种类花样繁多，紧跟潮流。比如“朝珠耳机”“皇帝大婚胶带”“顶戴花翎官帽防晒伞”“嬷嬷针线盒”“朕亦甚想你折扇”“奉旨旅行行李牌”等。

2018年12月9日，“故宫博物院文化创意馆”的微信公众号推送了一篇《故宫口红，真的真的来了》的文章，预售价格为199元的口红。在两天内，口红订单就突破了3000单。

2018年12月20日，“故宫淘宝”微博账号发文推出了口红套盒。这篇文章不到10分钟阅读量就突破了10万，而口红套盒在开售后不到一小时就5000套全部售罄。

故宫博物院一改以往给人们留下的严肃、沉闷、高冷的印象，打破了之前旅游纪念品的单一化、复制化、同质化，开始用新的设计思路去俘获年轻人的心，使故宫文创一跃成为当下年轻人最喜欢的文创品牌。

故宫本是文物，其当前存在和创造的价值大部分还是在旅游观光上。然而互联网的快速发展，使得传统文化得以“复活”，以全新的、有趣的面貌呈现在人们的眼前。陈列于展馆中的文物，不再仅仅是供人参观的物件；无论是一幅古画、一件瓷器，还是一把折扇，都成了独一无二的灵感创意来源。

在历史的长河中，故宫的文化并没有渐渐暗淡，反而在新技术的加持下，推动了传统文化创意产业的发展，重新焕发着属于这个时代的光芒。

我们都知道“人靠衣裳马靠鞍”，除了让产品本身朝着有趣的方向发展外，将包装升级，用有趣的包装来吸引流量，也是一个不错的方法。味全每日C就在这方面表现出色。

味全每日C做了多次包装升级，有趣的包装、有创意的文案为它赢得了很多流量。

味全每日C先推出了“理由瓶”，就是以各种理由提醒大家喝果汁。包装上的文字有“加班辛苦了，你要喝果汁”“你不爱吃菜，你要喝果汁”“听妈妈的话，你要喝果汁”“不会削苹果，你要喝果汁”“做个好爸爸，你要喝果汁”等。

由于反响不错，于是，接下来味全每日C又推出了“Hi瓶”，即与用户展开互动活动，用户可以在果汁瓶上写上自己想说的话，送给别人。后来考虑实际情况，味全每日C担心消费者懒得写，便同时推出了一些写好文字的“Hi瓶”包装果汁，比如“（Hi）加班辛苦了”“（Hi）约你一起吃早餐”“（Hi）很高兴遇见你”等。

这款包装一经推出后便十分火爆，让味全每日C的销量同比增长了90%。

随着天气转凉，冷藏纯果汁的销量也会下滑。而味全每日C为了让消费者在冬天也能喝冷藏纯果汁，便以“你要抵抗力，你要喝果汁”为主题进行营销。由于“抵抗力”不允许放到一个瓶子上，便设计了“拼字瓶”：抵（抵不住你的诱惑，你要喝果汁）、抗（无法抗拒你，你要喝果汁）、力（微笑不费力气，你要喝果汁）。接着，一系列的拼字瓶包装面世：“别-感-冒”“求-抱-抱”“我-想-你”“新-年-好”“想-我-了-喝-果-汁”等。

随着多款拼字瓶的面世，网友也开始淘气了，将拼字瓶随意组合成搞笑的文字，这也引起了人们不小的关注。

接着，味全每日C又推出了“夸夸瓶”，有“2020天天快乐”“2020诸事顺利”“2020财务自由”“2020活出自己”“2020属你幸运”“2020属你桃气”等。

这一系列的包装升级体现了味全每日C产品的年轻态心理，在创新的同时又不乏有趣，因而赢得了众多年轻用户的认同。

当然，对于很多行业来说，推陈出新的包装设计只是吸引流量的前奏，产品能否激发用户购买，关键还在于是否可以打动用户的心。而有趣恰恰是当代年轻用户所追捧的，也是他们乐于买单的。

所以，除了在产品本身和包装上下功夫外，商家也要思考，是否可以将有趣融入产品的其他方面，通过差异化的创新赢得流量，让产品爆红。

不按常理出牌，也能赢得青睐

在流量时代，创新总是会带来更高的关注度。一条有创意的视频会因为超高的播放量、点赞量而占据一些App的首页，一条不按常理出牌的广告会因为巧妙的反转、意想不到的结局而赢得人们的掌声与分享。移动互联网的发展，让每个人都多了几分成功的可能。

如果有一款饮品能够回答你提出的各种各样的问题，你会对这款饮品感兴趣吗？在其他传统茶饮品牌还在按部就班地售卖花果茶、植物茶时，一款答案茶横空出世，并迅速走红。在短视频爆火的风口，答案茶的成功在很大程度上要归功于其跳出了传统思维，不按常理出牌。

答案茶是一款在抖音走红的茶饮品牌。打出“茶饮＋提问”的旗号，答案茶的玩法颇有新意：下单时顾客在茶饮腰封上写下问题；店员通过机器自动扫描识别关键词生成答案，然后用3D打印技术将其打印到茶盖上；顾客拿到茶饮后，揭开茶盖的贴纸即可看到答案。答案依据不同问题在上百万条答案库中随机生成，这也是答案茶的核心特色。

答案茶回答问题的逻辑也产生了惊人的效果。比如“我能瘦下来吗？——结果在于自己。”“明年的现在我在哪？——他心里。”“什么时候瘦10斤？——

下一个，六月飞雪的时候。”

根据有关数据统计，答案茶官方抖音账号在一个月内增加的粉丝数超过35万，视频的点击量超过了4亿。而在开业的5个月内，加盟店就已经超过了400家。

在各茶饮品牌产品口味趋同之时，答案茶独具互动属性，以提问的特性闯入竞争激烈的市场，瞬间被推至“网红”潮流的顶端。

其实，答案茶的走红虽然存在偶然因素，但其所带有的提问特性与社交属性也决定了它成为“网红茶”的必然性。答案茶给予用户的答案不一定是标准答案，甚至很多用户在问问题之前，心中已经有了答案，但是答案茶给出的答案却可以让用户开心，这是一层隐形的附属价值。

答案茶开创了新兴的、差异化的茶饮形式，非常符合年轻人的“口味”，年轻人在喝茶的同时，拍照发微信朋友圈、录小视频也是常规操作。而在这些社交媒体上的不断传播，形成了答案茶品牌更大的流量汇聚。

打破常规，做不一样的产品，这在流量时代更能吸引用户，也能拉近产品与用户之间的距离。彩虹合唱团就用自己的行为打破了以往我们对合唱团的认知，让严肃高雅的艺术被以接地气的形式展现了出来，结果大受人们的热捧。

彩虹合唱团指的是上海彩虹室内合唱团，成立于2010年，最初由上海音乐学院指挥系学生自发组织成立，后来逐渐吸收社会各界的合唱爱好者，发展成为一个充满活力、富有探索精神的音乐团体。

彩虹合唱团最初凭借《张士超你昨天晚上到底把我家钥匙放在哪里了》走红，这首“神曲”在B站的播放量超过了220万。

接着，“上海彩虹室内合唱团”官方微博推送的《感觉身体被掏空》短视频又被转载超过12万次，这让彩虹合唱团一下晋升到了“网红”的行列。

在2017年春节前，彩虹合唱团又发行了《春节自救指南》，深刻反映了当代年轻人回家后所面对的种种尴尬情景，比如父母逼婚、亲戚围堵等。《春节自救指南》推出不到半天，点击量就已经突破了10万。众多年轻人的微信朋友圈，也都被该“神曲”刷屏了。

在彩虹合唱团的“神曲”走红前，相信大多数人也和我一样，认为合唱是非常高雅的艺术，虽然具有极高形式的美感，但是不太能引起年轻人的共鸣。但是彩虹合唱团却将互联网上的热议话题写进了合唱曲目中，他们的作品更多地在表达都市白领群体的心声。

彩虹合唱团的艺术总监、指挥家金承志不止一次地表示：合唱其实依旧是严肃的，只不过表现形式可以更加年轻化。

彩虹合唱团的很多成员虽然并不是专业的音乐人士，只是出于对音乐的热爱才走到了一起，但是他们善于打破常规，让高雅的合唱形式更加贴近年轻人，让人们从他们的歌曲中找到了乐趣与真实，这也是让年轻人产生共鸣的主要原因。

随着消费方式的升级，人们的审美也在不断地发生变化。商家要适时地打破固有的营销模式，促进行业的洗牌与迭代，让自己的产品越来越迎合，甚至超前于用户的期望，进而爆红于网络世界。

品牌需要年轻化

“品牌年轻化”是现在很多人都在讨论的话题，而有些产品为了追求所谓的年轻化，就设计一些看似年轻化的包装，用年轻人喜欢的、当下流行的文案去诠释。其实这只是在追求形式上的年轻化，未必真的能够打动年轻人去购买产品。

品牌的年轻化不能完全追求形式上的年轻，更不能单纯地从年龄上来划分。品牌需要拥有年轻的内核与态度，保持鲜明的个性特征，从而让品牌真正形成年轻化的价值观，使消费者产生共鸣。

当然，品牌追求年轻化，主要的目的是适应当下已经改变了的消费主体环境，是让品牌继续活跃在主力消费群体眼前，不被他们遗忘；而面对那些本来就是中老年人的品牌客户，则不必强行年轻化，以免得不偿失，损失原本的客户。

那么一个品牌要如何做到年轻化呢？可以说，这并没有一个标准的方案。品牌只有从当代年轻群体中去挖掘他们的消费倾向，抓住心理层面的年轻，而不仅是追求形式上的年轻，才能得到最主流的流量，获得主力消费群体的关注。

褚橙就靠其内在的那份精神打动了年轻人，让年轻人愿意买单。

褚时健种的是冰糖橙，这种橙子不是只有云南才有，在湖南、四川、重庆、贵州和两广地区都有种植。

在刚开始的那几年，褚时健用传统的摆摊方式售卖，褚橙的销量并不乐观。于是，褚时健让褚橙进入社区，在固定的场地摆地摊，然后又进入中餐馆，进入企业，让以品质取胜的褚橙留下了良好的口碑，也奠定了一定的用户流量基础。

在设计和文案上，褚橙初期采用了小清新的风格，每个包装盒外面都写上了有趣的、贴近年轻人的文案，比如“谢谢你，让我站着把钱挣了”“复杂的世界里，一个就够了”。这种文案拉近了褚橙与年轻人的距离。而且，褚橙还请了众多“大咖”代言，这为褚橙引流不少。

新一季的褚橙开始以褚时健的人生起落为核心，运用褚时健的故事宣传褚橙这款产品的内核：“人生总有起落，精神终可传承。”

褚橙用褚时健的拼搏精神感染着年轻人。75岁的褚时健在经历了人生的大起大落之后，没有自暴自弃，反而研发出了口感更佳的褚橙。褚时健的人生经历与冰糖橙相结合，也让褚橙的品牌内涵独具一格，使其被视为“励志橙”。

可以说，褚时健用自己的拼搏打动了年轻人，这些年轻人购买褚橙的行为背后其实是在为那份拼搏的精神买单。

读懂年轻人对产品的需求，才有助于做出适合当代消费主体人群的产品。乐纯酸奶就因为了解了年轻用户对健康和营养的需求，从而做出了具有好口感、好品质，令用户乐于购买的产品。

乐纯酸奶是一款具备社交属性的酸奶产品，它具备互联网基因。在研发时，乐纯酸奶就不断地在社交平台向美食博主、营养师等征集意见，并让第一批种子用户参与到产品的开发中去，了解用户对产品口感与口味的需求。

为了让用户持续保持对乐纯酸奶的新鲜感，乐纯酸奶也在不断地研发新品，推出了榴莲元气酸奶、芒果菠萝元气酸奶、榛子香草酸奶等。

很多用户看到美食博主都在喝乐纯酸奶时，也会倾向于选择这款酸奶。

乐纯酸奶的核心用户是那些对生活品质有要求的人。相对于其他大的消费场景，购买一盒高质量的酸奶似乎更容易，成本更低，而且这也可以更好地迎合当代年轻人的分享心理，满足他们的生理需求和心理需求。

虽然相比于一般的酸奶，乐纯酸奶的价格更高，但正是因为价格高，才体现出了成本高，体现出了乐纯酸奶的高品质。这不仅没有让这个品牌损失客户，反而让客户觉得乐纯酸奶的品质与口感都是有保证的。

乐纯酸奶利用互联网圈层流量进行精准传播，并在获得流量之后注重产品的迭代升级，靠产品的好口感与好品质实现了“弯道超车”。

由此可见，品牌要走年轻化的道路，就要抓住年轻人的消费心理，抓住当下年轻人所欣赏和追求的特质，从而引起年轻人的共鸣，促使人们积极地去传播，提高转化率。

产品创新是多获流量的王道

一款产品卖得好不好，需要看市场的反馈，看消费者的实际反应。如果产品不能更好地满足消费者的需求，那么就很难打动消费者，使消费者购买。在如今这个流量时代，人们自然也就不会主动转发、分享你的产品。

在流量时代，能让人们主动分享的主要原因是，这些事件或产品成了人们的“社交货币”。所谓社交货币，简单来讲就是人们在社交媒体上的货币，但这种货币所购买的不是商品，而是一种谈资，让人们可以从分享中得到社会归属感和与他人的联系感。而那些能帮助人们表达想法、树立自身形象、展现优越感的事物，都属于社交货币的范畴。

从产品的层面来说，那些能够超出顾客预期或认知的产品体验，让人们主动分享的可能性会提高，比如个性化的店铺装饰、精美的摆盘等。喜茶打破了街边奶茶小店的视觉形象，也打破了奶茶行业的规则与玩法，通过不断地研发并升级产品，让客户有不同的消费体验，这是足够成为年轻人的社交货币的。

在如今奶茶饮品大同小异的环境下，喜茶有竞争力的当属茶底和配方。喜茶放弃了廉价的奶茶专用碎茶，不使用粉末茶和奶精茶，而使用乌龙茶、茉莉绿茶等更为优质的茶底。

研发是喜茶的核心竞争力。为了保证喜茶的产品品质，喜茶背后的茶饮供货商都是由喜茶创始人聂云宸亲自筛选的，聂云宸想优化原来的品质，不断地寻找与喜茶理念相符合的优质茶叶供应商。

2017年上市的一款桃茶饮芝芝桃桃，用了三种桃子：有的桃子用来做果肉，提高咬感，提升人们的口感；有的桃子用来榨汁；有的桃子用来出颜色，其肉质更粉，更符合少女心，茶饮的观感也更好。

为了提高喜茶的口感，聂云宸不断去尝试调配茶的口感层次，发现茶饮的香气可以通过一些水果来表达。当然，水果的选择也是很重要的。于是，喜茶便利用水果的香气研制出了招牌茶——金凤茶王。

喜茶对每一款新产品都会进行评测，通过门店的新品海报去评测顾客对新品的购买意愿的强弱，通过消费者真实的购买行为来判断哪些产品是热销款，是可以通过市场检验的，然后再将这些产品推广到市场上，这样后期所获得的反馈也大多是良性的。

喜茶通过高颜值的产品、酸甜分明的口感、健康的生活方式等，让消费者找到了表达自我的方式。而且，现在的年轻人越来越注重茶饮的品质，喜茶团队对产品的数次打磨，彰显出来的是认真的生活态度。多种优势令喜茶的产品自带流量，得到消费者的认可。

品牌的核心是产品，而非营销。营销固然很重要，但是产品的品质会决定营销的长期效果。有些商家会利用产品制造一些噱头，但是如果产品本身的品质不过关，不足以让人们给出好评，那么靠噱头虽然可能会有一两次的曝光，让某些产品成为所谓的“网红产品”，但这更可能只会是昙花一现。产品后续乏力，没有足够打动用户的点，不能让用户给出好评与转发，最终也很难经受住市场的考验。

知识付费的流量之路

在流量时代，人们的机会增加了，随之所面对的挑战与困难也增加了。尤其是在产品的创新过程中，被误解、不被认可都是常态。知识付费的兴起与发展既是流量时代的产物，也是众多“大咖”一起坚持推动的结果。

从2016年开始，国内的知识付费平台不断涌现；曾经并不看好、并不支持知识付费的用户，也逐渐习惯了这种模式，甚至会主动购买自己觉得有价值的内容产品。

知识付费得以普及，罗振宇发挥了很大的作用。他靠着最早的社群走向内容电商，进入内容付费平台，带动了知识付费的兴起。

付费本身就是用户的筛选过程，而用户愿意付费的是那些受用户关注的、有品质的内容。罗振宇的《逻辑思维》孵化“得到”App，通过好的音频课程和有质量的专栏内容为用户解决焦虑。吴晓波的《每天听见吴晓波》帮助用户看懂这个时代的商业逻辑，带领用户思索、寻找答案。他们都是在用优质的内容向用户诠释知识付费的价值。

北京大学法律经济学研究中心前联席主任薛兆丰在“得到”App上开设了专栏《薛兆丰的经济学课》。薛兆丰把复杂的经济学理论用通俗易懂的语言表达出来，让用户听到有温度、接地气的知识，而不是枯燥刻板的理论，使得这一专栏受到了大量用户的喜爱与订阅。

随着移动互联网的发展，用户对阅读的需求越来越趋于碎片化，而刘润的《五分钟商学院》顺应了这个趋势，让用户可以利用自己的碎片化时间在乘坐地铁时或者吃饭时轻松地阅读。

在流量时代，每个人都希望能够用流量来赚钱，希望自己能够领先于潮流，而不是被大趋势所抛弃。但是也应该认识到，其实，所谓的知识付费，我们并不是在为知识付费，而是在获取知识的过程中将钱付给了那个帮助我们转化知识的人，因为通过这些转化的知识，我们可以缓解一些焦虑，解决一些问题。

创新是流量时代的主流话题，只有创新才不会被时代抛弃。而创新的方式多种多样，关键是要抓住产品所对应的定位用户的心理，让这些用户愿意为你的产品消费。

第六章

打好品牌战略，能转化的流量才有价值

在移动互联网时代，品牌即流量。可口可乐的创始人阿萨·坎德勒曾说过：“即使一夜之间工厂全部烧光，只要我还有品牌，就能马上恢复生产。”由此可见品牌的重要性。

分众传媒董事长江南春认为：流量占据通路，品牌占据人心。补贴和流量相当于促销，而品牌才是真正的护城河。

品牌不仅可以让用户建立起对产品的认知，让用户将某一品牌的产品与其他竞品区分开，还可以提高用户的信任度，提高用户的认同感。企业要认真地打好品牌战略，将用户转化成品牌的粉丝，增加品牌的用户流量，从而促进品效合一。

品牌就是流量的准入口

购买产品，人们通常都会先考虑一下品牌。如果是好品牌，人们选择购买的可能性就比较大，因为购买这些品牌的产品错选的代价低。也就是说，品牌解决了人们对产品的信任问题。

在流量时代，对品牌进行营销推广不仅可以提升品牌的知名度，还可以提升品牌的影响力与企业的品牌价值。而一个有足够品牌影响力的企业不仅能获得消费者的青睐，还能得到消费者的信任与满意，赢得消费者的赞誉，从而逐步加深和强化消费者对该品牌的记忆。而且，消费者还会主动为企业进行品牌口碑宣传。

很多用户愿意为产品买单，其实是看中了产品的品牌，可以说品牌就是产品的附加值。在流量时代，品牌就代表了流量。

在商业高度发达的社会，大多数人其实都已经成了某些品牌的粉丝。比如，在租房的时候，会马上想到链家；想要买手机时，脑中会浮现出华为、小米等品牌；想要喝咖啡时，会想到星巴克、雀巢；想要吃火锅时，会想去呷哺呷哺、海底捞等。而品牌对用户的这种心智占有，恰恰是品牌流量的入口。

在网络时代，企业一定要注重品牌的建立。有些中小企业往往存在观念上的错误，认为只要把产品做好就可以了，而不注重建立自己的品牌。其实，企业如果想要发展，想要进入更大的市场，就要面对更激烈、更残酷的竞争，而品牌的支撑可以帮助企业突破发展瓶颈，渡过难关。

如今是个体验和分享的时代，客户会把自己对产品、对服务、对购买和对使用的感觉，通过手机快速地分享给他人。客户通过购买产品或服务得到满足后，会为品牌带来稳定的流量，品牌自然会建立起来。

当然，从短期来看，做品牌会付出很高的成本，而且在短期内很难看到实质性的效果；但是从长期来看，随着用户对品牌的认知、认同、认可，品牌本身就会自带流量，获得更多人的关注。随着良性的发展，这个品牌的其他产品也会自然地受到客户的认同，从而使品牌成为产品的“代言人”。

很多品牌通过潜移默化的渗透，让我们在无形中都成了其粉丝。在实际消费时，我们会在第一时间联想到某些品牌，还会主动向朋友推荐这些品牌。从流量的角度来说，我们不仅会主动消费，还会免费给这些品牌打广告，为它们引来更多的流量。而这种行为还往往是大众的普遍行为，由此可见建设好品牌的重要性。

准确定位，“定”住用户需求

要想建立一个好品牌，首先就要明确品牌的定位。当然，一个品牌要明确定位，需要结合品牌与产品的实际情况进行多方面的考量。在此，我们主要来分析一下什么样的定位更有效，更能让品牌脱颖而出。

通常来说，好的定位是干脆利落、符合用户需求、方便人们记住的，而且，广告口号往往会令人印象深刻；而不好的定位则是啰啰唆唆、特征不明的，用户记不住，也搞不清楚这个品牌到底是卖什么的，有什么优势特征。

在流量时代，明确品牌定位，建立起好品牌，就能带来源源不断的粉丝和良好的用户口碑，让品牌逐渐获得更多的流量。那么，一个品牌需要如何定位呢？常见的定位方式有以下三种。

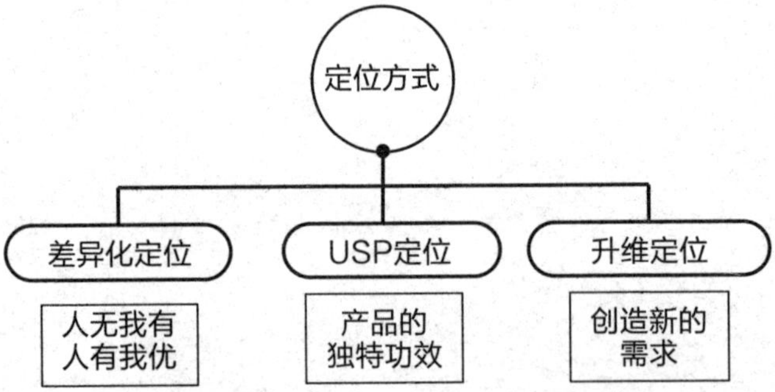

1. “人无我有”的差异化定位

一般来说，如果市场上已经存在行业知名度比较高的产品品牌，那么，你新推出的产品如果无法与其相区分，就会陷入产品同质化的陷阱之中，很难跳出来。

因此，后发创业的品牌，可以采用差异化定位的方式来宣传品牌，用“人无我有，人有我优”的优势型定位方式，展示自己品牌的优势。

比如，特仑苏的定位是更高品质的牛奶。特仑苏始终坚持创新，采用专属牧场的高品质奶源，以及坚持使用业内高标准的原料甄选和生产工艺，为消费者提供高品质的营养，并逐步成为全球销量领先的高端牛奶品牌。其品牌标语“不是所有牛奶都叫特仑苏”令人印象深刻。准确的定位与适合的口号使特仑苏在竞争激烈的牛奶市场占据了一席之地，收获了用户流量。

好的品牌定位应该是能用几个字或者一句话说清楚的，如果一个品牌的定位无法简练地被表达出来，那么这个定位在很大程度上就是失败的。定位不是口号，但是它与口号所要表达的观念应该是一致的。好的定位一定可以引导出简单易懂、容易被人记住的一句口号。

2. 产品功效特殊的USP定位

USP（Unique Selling Proposition）理论是由美国的罗瑟·瑞夫斯在20世纪50年代初提出的。其内涵主要有三个要点：第一，每一则广告必须向消费者阐明一个主张，让消费者明白，购买广告中的产品可以获得什么具体的利益；第二，所强调的主张要是竞争对手做不到的或无法提供的，必须说出其独特之处，强调唯一性；第三，所强调的主张要聚焦在一个点上，集中打动、感动和吸引消费者来购买相应的产品。

从定位的角度来说，如果产品在某个功能上非常突出，甚至独一无二，那么品牌定位的落脚点就可以放到产品特殊的功效上。尤其是对那些科技创新类产品、工业产品来说，那些创新点往往可以成为一个品牌的宣传点，引起人们广泛的关注。

比如，“胃痛、胃酸、胃胀，就用斯达舒”，以清晰、明确的特定需求让消费者一听就能明白，在出现这些症状时能联想到该产品；士力架则坚持的是抗饥饿食品的独特定位，其口号“横扫饥饿，做回自己”既易懂又好记。

从产品的特殊功效出发，对产品的某些功能进行概念包装，确定品牌的独特定位，也可以给用户留下鲜明的印象，让用户对产品以及品牌有一个更为深入的认识，了解到这款产品或者这个品牌的独特之处，从而提高用户选择这款产品或者这个品牌的可能性。

3. 创新需求的升维定位

所谓升维定位，就是创造或引导出新的需求，让用户觉得，这款产品与市场上的产品都不一样，而更高级的产品代表着更高维度的购买体验。

一般来说，升维定位比较适合创新型的产品，或者处在创业阶段的企业。很多消费者都有好奇、选大牌、选先进产品的购物心理，因此，有时候升维市场能创造并占领一个全新的市场，开拓出一个新领域。如果你的产品或品牌有这种内涵，那么定位就应该取其最大，比如将品牌定义为“××××行业开创者”“重新定义××××”等。

当然，有些产品或品牌的升维，并不是真正创造了全新的需求，而是通过定位的升级，引导消费者将注意力转移到新的产品上，从而使用户的消费理念升级。比如，虽然在小米、乐视进入市场前，市场上已经出现了能够连接互联网看视频的电视机，但是这些品牌并没有抢占整个市场，也没有明确推出“互联网电视”的概念；而小米、乐视在进入市场后直接升维定位，推出“互联网电视”，小米与乐视也就成了人们购买互联网电视时优先考虑的品牌。

当然，无论哪种情况，只要定位足够能吸引消费者，引起消费者的好奇心与消费心理，获得用户流量，那么定位就算得上是成功的。

总之，品牌的定位一定要足够准确，能够让用户明确辨别，不能模棱两可，更不应让用户产生疑问。毕竟，做好品牌定位，是为了快速地获取流量。

强化品牌视觉形象，加深用户印象

明确了品牌的定位，那么要如何让用户快速记住你的品牌呢？

美国新一代营销战略大师劳拉·里斯在《视觉锤》一书中传达了这样的理念：视觉形象就像锤子，可以更快地引起客户的共鸣。视觉形象和语言信息的关系好比锤子与钉子的，要用视觉形象这把锤子，把你的语言钉子钉入客户的心智中。也就是说，我们可以通过强化品牌的视觉形象，让客户的印象更深刻。

品牌视觉主要指的是一个品牌给人们带来的视觉感受。好的视觉形象可以让用户在惊鸿一瞥中就留下深刻的印象。常见的视觉符号包括品牌LOGO、产品包装和代言人等。

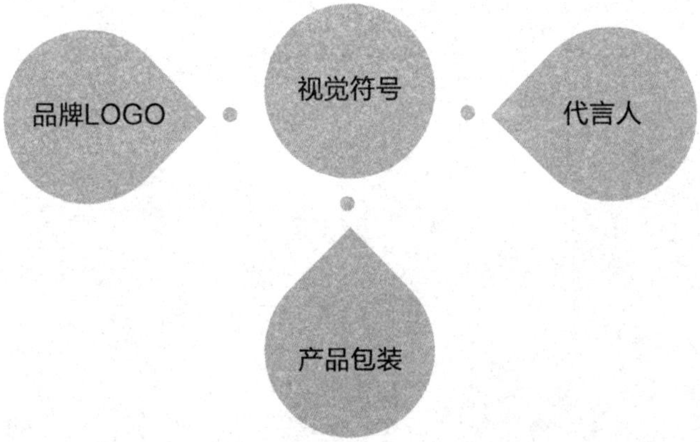

1. 品牌LOGO

品牌LOGO包括文字LOGO、图形LOGO、色彩等。

（1）文字LOGO

有些品牌会直接用文字做LOGO，通过对文字的字体进行设计而使其成为品牌的标志，从而使品牌符号简洁明了。比如可口可乐、百度、支付宝等。文字本身就是品牌的LOGO，看上去简洁大气，识别度也很高。

在利用文字设计品牌LOGO时，一定要注意不要使用太过花哨的字体标志，以免识别度太低，让人难以一眼看出来，还要花费时间去辨识这到底是什么品牌，从而失去被认知的机会。

（2）图形LOGO

如果不使用文字LOGO，也可以使用图形LOGO。但图形不要太过复杂，而应该符合现代人的审美，尽量做简化处理，多使用线条，对图形进行扁平化处理。比如星巴克就逐渐简化图形标志，利用女海神的图形作为标志，符合现代人追求简约的特性。

（3）色彩

在品牌LOGO的色彩选用方面，使用单一的颜色是一种趋势，这会让品牌有一个鲜明的主题色，赋予品牌一定的调性，也可以在用户头脑中形成强烈的品牌印记，从而达到强化品牌形象的目的。比如，滴滴的橘色、饿了么的蓝色、爱奇艺的绿色等。

2. 产品包装

产品包装是品牌最重要的免费广告载体，也是消费者很看重的一个方面。产品包装可以从产品的特殊造型、主题色的运用和与产品有关联的视觉图形三个方面来考量。

（1）产品的特殊造型

具有特殊造型的产品，本身就具有很高的识别度，会给消费者带来不一样的视觉冲击，形成强烈的品牌符号。比如迪奥的真我长颈瓶香水、阿迪达斯的椰子鞋、可口可乐的曲线瓶等，它们的造型都突破了常规，给人留下了更为深刻的印象。

（2）主题色的运用

产品包装与品牌LOGO一样，使用一个主题色，更容易形成视觉优势。就像是大街上穿着整齐服装的队伍会更吸引我们的眼球一样，无论是在线下商场还是在网上店铺，纯色都更容易吸引我们的目光。比如王老吉的红色、雪碧的绿色等。

（3）与产品有关联的视觉图形

在产品包装上使用一些与产品有关联的视觉图形，可以突出产品的具象特点，令人印象深刻。比如，旺仔牛奶的娃娃头形象，就令人印象十分深刻，甚至一提到这个娃娃头形象，人们瞬间就会想到旺仔牛奶。

3. 代言人

请明星来代言可以为品牌或产品带来不少的流量，但是也有一些弊端。比如有些明星可能身兼多个品牌的代言，而且明星在各个品牌的广告中差异并不大，这就使得消费者往往无法将明星的形象与其代言的品牌很好地结合起来。因此，在请明星代言时应尽量使明星与其代言的产品产生比较强的关联，与明星本人代言的其他产品相区别。

此外，除了明星，企业家和创始人也可以为产品代言，为品牌赋能。对于服务行业来说，用员工代言也是不错的选择，这可以给人一种真实感与专业感，也更容易打动消费者。

好的视觉形象会让用户对品牌的印象更深刻，给用户一个最初的品牌印象，开阔用户的视野。因此，品牌视觉符号的包装打造与维护，应该是一个企业的品牌推广部门始终不断研究的方向。

打造听觉符号，便于品牌传播

当用户对品牌产生了深刻的印象后，传播也很重要，这是增加用户流量的有效方式，也就是要打造品牌的听觉符号。

很多流行歌曲都是因为人们的传唱而被越来越多的人所熟知的。其实，很多品牌的传播也是如此，往往是由于广告语朗朗上口，易于传播，所以才让人们形成了品牌记忆。

在移动互联网时代，好的听觉符号一定要便于传播。不要说那些虽然“高大上”，但是没有实际价值，甚至让别人听不懂的话。

一般来说，品牌的听觉符号主要有两种形式，分别是口号和韵曲。

1. 口号

口号的表现形式一般就是广告语。一句朗朗上口的广告语往往更容易被人记住，也能让品牌收获更高的人气。

比如农夫山泉的广告语“农夫山泉有点甜”，这种广告语很接地气，也很生活化，贴近用户的真实生活，因而更容易获得用户的关注与认可。

由此可见，广告语并不是简短就够了，有些品牌的广告语虽然也只有简短的一句话，但给人一种距离感，让人觉得很大、很空，这自然就无法引起消费者的共鸣，也就难以让品牌收获更多的用户流量。

在网络语言高度丰富的现在，设计一些有趣的并且能让用户记得住的广告语也是不错的选择。

比如，网易严选推出的广告语“网易严选的零食好吃到哭”，就很容易打动用户去下单。

2. 韵曲

韵曲即既吸引人又容易记的、简短的韵文或歌曲，大多在广播或电视广告的结尾部分出现。

比如滴滴广告结尾的“滴滴一下，马上出发”等，都是能够强化人们听觉印象的韵曲。

韵曲主要是用声音来唤起并加深记忆，用声音让消费者联想起这个品牌。企业在选择品牌的听觉符号时，可以考虑在与用户的沟通中设置一些韵曲点。比如在服务开始时发出“叮”的声音；或者设置企业品牌专属的电话铃声，用户在打电话等待接通的过程中会听到这个铃声；或者在广告片的结尾放上一段容易哼唱的小旋律；等等。

打造品牌的听觉符号，用听觉印象辅助视觉印象，加深用户对品牌的印象，传播就会更广泛、更到位。在流量时代，企业要运用各种可以利用的资源获取流量，为品牌赢得忠实的粉丝。

做好品牌接触点，实现口碑引流

品牌接触点是指用户有机会接收一个品牌信息的情境，是用户和品牌能够接触的地方。这些接触点充满了用户体验的各种细节，可以让用户对品牌有更全面的了解。

品牌接触点可以是广告、促销信息和对外发布的信息，以及那些因购买产品及服务等过程而自动生成的情境（在购买机票时，订票网站的设计、航空公司的服务、机身与内舱的设计、空乘人员的服务等），也可以是消费者的某些需求点。

事实上，在我们的生活中，每一次消费体验都包含着一个或者一系列的品牌接触点，而每一个品牌接触点实际上都在传播着品牌信息，同时也都会或多或少地影响着用户的购买决策。因此，做好品牌接触点，就是要让品牌落地，让用户更好地了解这个品牌。

在移动互联网时代，我们要将品牌识别内容有意识地落实到相应的品牌接触点上，让用户在接受和体验品牌的相关信息时，能够快速地识别品牌，认识到品牌的独特个性，准确、清晰地感受到品牌的核心内涵，从而给用户留下丰富的品牌联想，提高品牌的传播效率。

当然，不同的产品有不同的接触点。

对于复杂程度比较低的品牌，用户在购买过程中，接触到的品牌接触点就比较少。以快消品来说，品牌接触点可能就是产品自身的品质以及产品的包装，而包装是能最快引起用户注意的方面。因此，快消品可以着重在包装上面下功夫进行营销，比如茶π、味全每日C等。

对于复杂程度比较高的品牌，用户在购买过程中，接触到的品牌接触点就会比较多，比如服务行业中的餐饮行业，菜品的口感与造型、餐具的选择、装修的风格、服务人员的服务质量等，都是品牌接触点。因此，这类品牌的品牌传播难度就相应地提高。这就要求企业要找到关键的品牌接触点，针对不同的接触点，要有目的地释放能够影响品牌认可和购买行为的品牌识别内容，并做好品牌接触点的管理工作。

用户接触得最多的是产品，在接触一款产品后，用户会在心中对这款产品进行评估与打分，形成对这款产品以及相应品牌的印象。如果用户的体验与品牌定位是一致的，那么用户就会觉得体验很好，并认为这个品牌具有好品质，从而自发宣传，为品牌带来益处。反之，用户如果发现产品与所宣传的内容不符，自己被误导了，那么对品牌的好感与信任就会降低。甚至，有些用户会直接转为这个品牌的“黑粉”，劝告朋友不要购买这个品牌的产品。

可以说，产品就是品牌的代言，品牌接触点的设计要与产品设计相符合。在如今的流量时代，人们更注重产品设计。产品设计是为了确定需求与功能差异，是强化卖点和品牌形象的基础。而做好品牌接触点管理就是要重点管理好那些能够直接影响品牌形象，或者为用户带来美好体验，以及提升销售量的关键品牌识别点，而不是进行夸大的、虚假的宣传。

要判断一个品牌接触点设计得是否到位，是否能引起用户的推荐欲望，企业可以通过以下几个问题来自测。

（1）用户体验了哪些接触点？

（2）每一个接触点对用户是否会推荐该品牌有多大的影响？是否会成为用户推荐该品牌的关键因素？

（3）用户对每一个接触点体验的满意度如何？

一个企业的品牌形象，不仅仅来自一个耳熟能详的品牌标语，也不仅仅来自一个充满创意的视觉海报，而是通过品牌与用户在互动过程中的无数个品牌接触点来感知界定的。

如果品牌可以在服务体验的每个接触点上都能真正地满足用户的需求，并且能够让用户满意，那么这种口碑效应就会被放大，为品牌带来各种益处。在处理品牌接触点与用户的体验的关系上，品牌要从用户真正的需求处下功夫，去做好接触点设计，毕竟，接触点存在的目的是提升用户的体验，让用户感受到品牌的承诺。

打好品牌广告，将流量变成销量

在流量时代，要想提高品牌的知名度，提高用户的认知度，做品牌广告也是十分必要的。好的品牌广告可以将用户流量直接转化成销量，提高用户的购买转化率。

当然，做品牌广告是需要投入成本的。因此，企业的广告要既能体现出产品的优势，又能让产品与竞品形成差异，找到打动用户心理的定位，抓住用户的需求痛点，从而达到流量转化的目的。

那么，如何做广告才有效果呢？在移动互联网的快速发展中，企业可以运用互联网的优势来提高广告的传播率，将流量变为销量。

1. 投放原生广告，强化品牌关联

互联网广告更倾向于原生广告，即不受标准限制，可以随场景而变化的广告形式。原生广告类似于我们所说的软广告，它不会影响用户当时的状态和场景，反而在一系列的文章、消息中显得很和谐，也更容易赢得人们的好感。

当然，在投放原生广告时还要注重强化产品与品牌的关联，而不是仅仅让用户看个热闹。有些优美、走心的文案，虽然爆红一时，有刷屏的效果，但是由于这些文案和品牌的关联性不强，往往在热度过去后，用户也没有记住这个

品牌，转化率很低。

因此，在投放原生广告时，除了要注重广告的设计不违和，能够吸引用户的兴趣外，还要在广告中提醒用户关注品牌，为品牌造势，赢得更多的用户流量。

2. 增加互动途径，减少用户“跳出”

“跳出”指的是用户在浏览首页后就关闭离开，对其他页面并不感兴趣。这种行为导致品牌广告很难提高用户的转化率。

在移动互联网时代，用户会接收到各种各样的信息，如果无法让用户在当时将心动变成行动，那么等过段时间，用户就会淡忘这一条消息，甚至失去关注这个品牌的积极性。因此，即时互动可以大大地提高品牌广告的实效性。

要解决即时互动这一难题，在投放品牌广告时，企业可以增加一些互动途径，比如强调客服电话、放置企业二维码、推荐关注微信号等，从而让用户及时做出反馈，能够在当时当刻与品牌建立联系，这可以尽可能地保留、转化用户。互动的方式一定要简洁，可以是让用户关注微信号或是加入某个群聊，而不是让用户还要下载其他App，以免用户当机立断地选择离开。

品牌广告的页面设计一定要简洁，突出重点，特征鲜明，不要将所有信息都罗列出来，用户是没有时间、没有耐心去一条条细读这些信息的。而且，广告上的互动方式一定要放在醒目位置上，让用户一眼就能看得到，也便于用户去关注。

3. 用产品活动宣传品牌

用产品来打广告、做活动，更有利于促销，也能更直接、更容易地激起用户的购买欲望。而产品的畅销恰恰也是在为品牌背书。

对于一个我们并不熟悉的品牌，即使企业把这个品牌说得天花乱坠，我们也还是会心存疑虑；但是如果对方向你介绍这个品牌的某款产品以及促销活动，那么我们就很可能会主动想要多了解一些。而当产品征服了我们时，其实我们就已经成了这个品牌的忠实消费者。

所以，与其用品牌做广告，给人一种难以体验、难以验证的陌生感，不如用产品活动来吸引用户，进而用产品来宣传品牌，让用户支持品牌。

4. 注重广告的话题性

很多广告在用户的脑海中都没有留下太深刻的印象，这并不代表这些广告本身不够具有特色。在流量时代，用户能接触到大量的信息，很多信息在他们面前都是一掠而过的。如果广告缺乏话题性与参与性，那么对大多数用户来说，就没有再看一遍的价值，而忽略就是他们最习惯也最自然的选择。

因此，要想让你的广告不再石沉大海、杳无回应，在投放广告时可以耍一些“小心机”，让广告公关化，有话题性。

做品牌广告要尽量做到品效合一，即在品牌建设的同时可以直观地看到营销转化的效果，从而快速地提升品牌的知名度，提升用户的考虑购买度。

第七章

做好策划，用精品活动提升用户的关注度

在新媒体时代，以活动为核心载体，通过良好的活动营销来获得更多的用户流量，这是很多企业都会采取的营销方式。

企业活动营销的形式有很多，包括产品推介会、发布会、路演、促销活动、赞助各类赛事论坛、系列主题活动等。借助活动营销可以提升企业的用户关注度，促进和消费者的沟通。但并非所有的活动都能举办得很成功，只有经过精心策划，让企业人员都积极主动地参与其中，才能达到预期的活动营销目的，提升用户的关注度与转化率。

活动营销目标设置的SMART原则

在移动互联网时代，用活动来吸引用户的关注是很多商家与企业都会采用的一种方式。组织一场好的活动不仅可以吸引用户的注意力，还可以将品牌的核心价值很好地传递出去，提升消费者的认同感与忠诚度。而且，在活动的互动过程中，用户由被动的接收者变成了积极主动的参与者，这就更加强了用户的品牌主人翁意识，有助于提升品牌的知名度和影响力。

线上营销可以突破地域和时空的限制，所针对的用户人群可以更广，成本相对较低，但用户的体验感会比较弱，难以获得真实的体验，而线下营销则可以弥补这个不足。因此，线上、线下的营销相结合，会使活动取得更好的效果。

通常来说，做活动进行营销的目标最终还是要落脚于利润，但在流量时代，企业又不能一味地只关注利润，还要充分考虑用户的体验感、用户对产品以及品牌的认同感甚至是用户的利益等。因此，企业在做活动时就要设立清晰而明确的目标，并朝着这个目标来开展营销活动。

在设立活动营销的具体目标时，要遵循SMART原则。

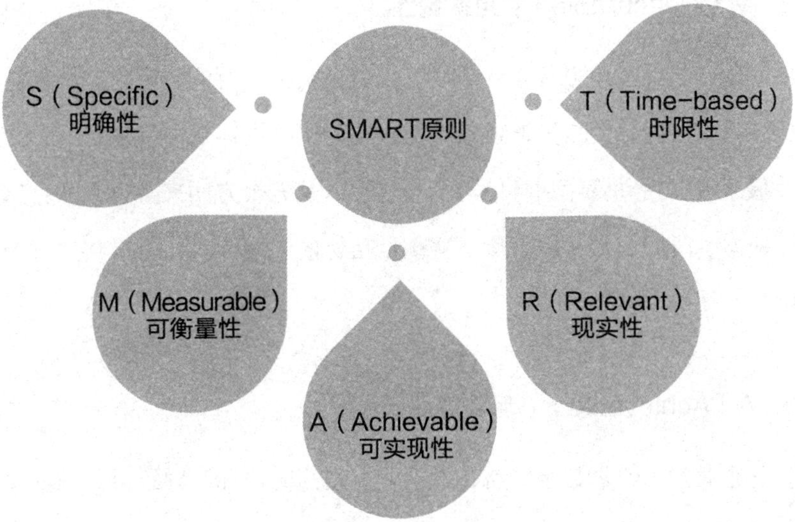

1．S（Specific）：明确性

活动营销的目标应该要明确、具体，清楚地表达出想要达到的结果，比如要获得的新增用户数量、一条推送信息的计划阅读量、参与活动的用户人数等。目标定得越具体，执行起来就越有方向。如果目标定得很模糊，在执行时就很可能导致企业的其他人员难以真正地理解自己要做什么，使活动收效甚微。

所谓明确性，既包括时间上的明确，也包括空间上的明确。时间上的明确指的是长远目标与短期目标都要明确，无论是年度营销目标，还是季度营销目标、月度营销目标，甚至是每周、每日的营销目标，都需要明了。空间上的明确指的是将这些想要达成的目标分解到每个部门的每个人身上，明确每个人需要达到的目标。

当然，明确目标是为了更好地开展活动，但也不应将设定的目标定死，偶尔有上下浮动也是正常的。

2. M（Measurable）：可衡量性

要判断一场活动举办得是否成功，仅凭感觉是不行的，因此，活动营销目标还应该具有可衡量性，能通过数量化或行为化的指标来进行判断。

一般来说，活动营销目标的可衡量性可以从五个方面来进行判断：质量、数量、成本、时间、用户满意度。在衡量目标的完成度时，可以将这五个方面尽量细化，便于比较。

3. A（Achievable）：可实现性

有些企业为了追求数字好看，就会设立过高的目标，导致目标难以实现。其实，这样的目标是没有价值的，相反还会打击营销人员的积极性。

活动营销的目标应该是可以实现的，是能够通过努力而达到的。只有目标具有可实现性，才能调动起人们的积极性，同时又能促进企业的发展。

4. R（Relevant）：现实性

活动目标的现实性指的是目标的设置要符合现实的原则，目标是能够通过一个个人的执行去实现的，而不是将人当成机器一样，只有满负荷甚至超负荷地运转，才能达到目标。

5. T（Time-based）：时限性

一件没有截止日期的事情很可能被我们一拖再拖。如果活动的目标没有时限性，只到最终结束时才去检查完成度，那活动就很可能在中间环节跑偏。因此，活动营销目标应该具有时限性，要设立具体的时间要求，比如在某年某月，参与活动的用户数达到几万人，用户转化率提升10%，等等。

而且，设立了具体的时间要求，还可以随时掌握活动进行过程中的状况；

如果发现了问题，还可以及时调整下一步的活动计划，结合当前的实际情况，推出更合适的活动策略。

当然，在列出了营销目标之后，企业还要预想活动过程中可能会出现的问题，并给出相应的解决对策，以保证活动在开展后可以顺利地进行，从而使营销的效果达到最佳。

提高活动营销的执行力

要精心地策划一场营销活动是很辛苦的，而且，现在很多营销活动往往缺乏品牌知名度，目标用户对营销活动也缺乏认知。作为活动的策划者，没有认清楚活动营销的关键点在哪里，反而向用户介绍活动是什么、主办单位是谁、活动规模如何如何大等，而不是向用户传达那些他们关注的方面，不注重对品牌的推广与宣传。

一场活动能否实现其真正的价值，关键就在于企业能否把自身品牌裹挟在活动的大众关注度中传播出去，从而达到推广、销售的目的。

通常来说，一场营销活动举办得成功与否与工作人员的执行程度密切相关，再好的营销方案，如果执行不到位，那么结果也会与预期的相去甚远。因此，只有提升员工的执行力，才能增强营销活动的效果，使其达到预期的目标。

要让营销人员积极地执行各个流程、各项环节的工作，企业一般需要做到以下几点。

1. 活动营销方案要切合实际

通常来说，一场营销活动的前期策划与举办都需要市场部人员的参与，毕竟，他们是最了解当前市场与用户的群体，会结合当前的市场状况制订比较切合实际情况的活动方案，而不是一拍脑门就决定。

即使是一场小型的活动，也会花费大量的人力、物力、财力。在流量时代，虽说人们可以完全做线上活动营销，可以节省一部分成本，但是线上活动的运营与组织同样需要详细策划，同样需要付出很多精力。

因此，在商讨活动营销方案时要尽量保证活动具有可行性，提前考虑并解决执行过程中可能存在的问题，从而让企业的人员认可这个方案，并积极地执行下去。

2. 人员分工要明确、细化

很多企业都举办过多次线下营销活动，对这些活动的流程、该注意的方面都很了解，即使线下活动中出现了一些问题，也可以很及时地解决。但是对于线上活动，由于有些员工负责的区域会有所重合，有些区域可能会出现空档，这就会导致在活动进行过程中，工作职责的划分比较混乱，活动难以顺利开展下去。

因此，无论是线下活动还是线上活动，人员的分工都一定要足够明确、细化，最好是确保活动的每项工作都分工到人，做到事事有人管，而且每个人都知道自己要做什么、负责的是什么工作，避免责任不明。

3. 建立活动的督导机制

即使制订了再周密、详尽的计划，活动也不会完全按照计划开展下去，在执行过程中出现一些问题、遇到一些意想不到的困难也是有可能的。企业需要建立活动营销的督导机制，并将这项工作分派给某个人或者某个小组，以便在活动中及时地了解活动进度，进行整体的调度，保证活动整体的效果。

4. 建立奖惩评估机制

举办一场活动自然是要看到效益的，不论是金钱上的效益，还是用户流量的增多，都是企业的收获。为了促使员工工作更积极，企业也可以设立评估机制，对表现好的员工给予一定的奖励，对表现差以及违反规定的员工给予一定的惩罚，从而引起员工对此次活动的重视。

当然，奖惩不是目的，而是激励员工的一种手段。核心目标都是将营销活动办好。

此外，相关物料的准备要到位。就一次营销活动来说，活动现场的布置、人员服装的准备、宣传片的制作等，都需要准备到位。即使是做线上营销，网页的设置、背景板的准备、与用户互动的方式、赠送的优惠券或者小礼品等的发放方式等，也需要进行精心的设计与计划，根据相应的规定来实施，确保活动给予用户良好的体验感，从而提高用户的关注度。

企业做活动一定要把活动的意义、层次和主题的吸引力等一切优势都变成媒体影响力，从而实现“小活动、大传播”，吸引并收获到更多的流量。

活动定位精准，找到目标用户群

一场活动举办得再成功，还是会有人感到不满意，甚至唱反调，这是很正常的现象。可以说，任何一个企业都不可能把自己的产品或服务做到令每一个人都满意。而且，企业也没必要将自己的受众定位得如此之广，只要那些需要这些产品或服务的特定用户群体认为这些产品或服务是值得购买的，就足够了。

同样，在组织一场活动营销时，企业也要找到自己的目标用户群体。通常来说，活动营销的目标用户群体主要包括两类：一类是对企业的品牌、产品等具有共同需求或行为偏好的人，一类是能够帮助企业实现营销目标、获得期望中的收益的人。

但要注意一点，目标用户群体未必始终都是品牌产品的消费群体，还可能正好是企业的定位人群，也可能是潜在的消费人群。比如，某个产品的定位消费人群为30～40岁的人，那么20～30岁的人虽然目前不是该产品的消费群体，但是过几年之后，他们就会自然地成为这个产品的定位消费群体，因此，在活动营销中，企业不应该忽略向这些人进行品牌与产品的推广。

针对目标用户群体进行活动营销，往往能获得更多用户的关注与参与，这种有目标、有方向的活动宣传自然比毫无目的地向人海中投石的效果更好。

2017年，恰逢高考恢复40周年，麦当劳在6月1日上线了主打高考营销的H5活动页面。

麦当劳在线上定制了1970、1980、1990、2000年代不同版本的准考证。参与者只要输入自己参加高考的年份，并上传照片，就能获得一张像当年一样拥有18岁面容的准考证（当然，这张准考证上的照片也可能不太像你）。

在创意上，麦当劳制作的准考证还抓住了年代特色和纸质等细节，增强了真实性，从而促进了分享。

麦当劳的目标就是主推早餐品牌“麦满分”系列。BBDO广告公司团队表示，这也是麦当劳第一次为早餐系列推出“满分挺你”的品牌概念，希望可以借高考季在消费者心中建立一个“麦满分”的形象，因此，此次活动的目标人群从一开始就不仅是高考生，而是所有可能会去麦当劳吃早餐的人。

BBDO团队也曾想做一些针对高考生的活动，结果却发现，在高考前后的这个时间段，针对高考生不管组织什么活动，实际上都是在打扰他们。因此，BBDO团队最后将关键词锁定在了“高考过来人”和“分享”上。

这些愿意在社交平台分享准考证的人，大多是距离高考这件事很远的人。虽然他们的年龄和职业各不相同，但都曾参加过高考这一个共同点就能引起他们的共鸣，点燃他们心底的那颗火种。

在没有任何媒体推送的情况下，活动上线12小时页面访问量就超过了350万，并在次日突破了1000万。

麦当劳的活动定位精准，找到了自己的目标用户群体，因而活动取得了很高的关注度，成了一段时间的热点。

其实，在组织活动营销时，为了保证活动策划得更好，企业也可以将很多工作做到前面，比如在明确了自己的目标用户群体后，对这些目标用户进行调研：看看他们更愿意参与哪种形式的活动，对什么类型的活动更感兴趣，更喜欢什么样的互动方式；对什么内容、什么类型的活动没兴趣，什么样的联系对他们来说是骚扰，令人生厌；等等。

当然，这些目标用户群体的回答也会有所不同，甚至会出现相互矛盾的回答，但这毕竟会为组织活动者提供一些更有针对性、倾向性的方案。

设计有吸引力的活动主题

怎么构思一个有吸引力的营销主题呢？一般来说，活动营销的主题可以从以下几个方向着手。

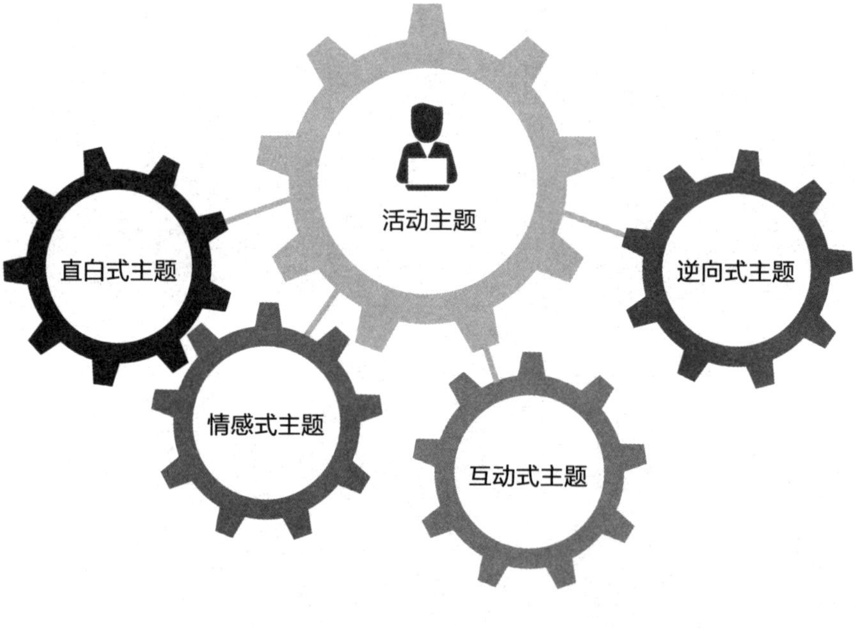

无论是写作文，还是写公众号文章，抑或是编写电影剧本，首先都需要一个主题，然后围绕着这个主题进行展开。可以说，主题就是一个总结与概括，是用简短的语言来告诉用户“这是什么”。

同样，一场精心策划的营销活动，也应该确定一个活动主题，而有吸引力的主题可以在短时间内促使活动以及产品吸引更多的目标用户。在确定活动主题时，切忌为了吸引用户而当“标题党”，杜撰一些名不副实的活动营销主题。一旦用户发现自己被忽悠了，他们就会对企业、品牌都失去好感。

1. 直白式主题

如果营销活动采用的是返现或者让利、赠送礼品等方式，那么就可以设计直白式的活动主题。为了吸引用户，主题应该以用户的利益为诉求点，即将用户可能得到的最大利益提炼出来，比如很多商家在做活动抽奖时都会着重宣传特等奖、一等奖来吸引用户。

直白式的活动主题，一般可以以“购物返现××元”“活动可省××元”“低至××折起”等作为宣传点，来打动消费者。

2. 情感式主题

情感式主题更容易让用户在情感上产生共鸣，进而打动用户，让用户建立起品牌忠诚度。一些情感式主题就喜欢用“追梦”“圆梦”“感恩”“青春”等调动起用户的情感。

2018年2月1日，由陈可辛导演、苹果公司制作的短片《三分钟》首映，因细腻的剧情而被人们所津津乐道。

短片以春运期间的火车站为叙述背景，讲述了一个乘务员妈妈在火车靠站的三分钟里和儿子见面的故事。虽然见面的时间只有短短的三分钟，但儿子却坚持要背诵完乘法口诀表，因为之前母亲对儿子说，如果不会背诵乘法口诀表，就无法上小学。

《三分钟》时长只有六七分钟，却催人泪下，很多人都被触动。

该短片是用iPhone X拍摄完成的。视频中虽然没有iPhone X的出镜，但其内容却变成了产品的一个载体，引发了人们对iPhone X的拍摄功能的讨论和宣传。

3. 互动式主题

让用户有参与感的主题也能激发起用户的参与兴趣，比如带有“寻找”“一起”“分享”等词语的主题。当然，也有很多活动都带有互动的性质，但没有直接使用以上词语。只要能将互动的意向、消息传达给用户，让用户能准确地接收到，也是可以的。

麦包包推出的“不如换个包”主题活动，就抓住了“互动”这一特性，结合女生情绪容易波动的特点，提供海报生成器，让用户可以生成自己的海报。

这个活动在微博收到热烈反响之后，麦包包微信公众号又继续推出了“翻海报赢麦红包”的活动。女生们可以把自己刚换的包或是想要换的包拍下来，然后将照片放进去。海报生成器就会生成一个九宫格链接，人们可以将其分享给朋友。如果朋友打开九宫格选中了女生分享的海报，女生就可以得到红包。

麦包包的活动包含着有趣的交互体验，还有红包作为激励，在互动性、激励性与趣味性方面都称得上是活动营销的典范。

4. 逆向式主题

在临近某些节日时，很多企业都会想要趁势营销一波，而此时活动主题“撞车”就屡见不鲜了。如果活动主题不够有吸引力，不够有记忆点，用户很可能会将几个品牌的活动记混，结果企业既浪费了精力，又没有什么收获。

如果不想因为活动主题没有特点而被用户忽略甚至遗忘，品牌可以进行逆向思考，以独特的角度进行活动宣传。

一到母亲节，很多人的微信朋友圈都会被“与妈妈秀恩爱”刷屏。很多品牌也都朝着这个思路进行营销，让用户给妈妈买买买。

而宝洁公司则以《爱在日常，才不寻常》的独特短片成功出圈。视频开头以“你在朋友圈那么孝顺，你妈妈知道吗？”这个槽点为引子，串联起了三则“朋友圈母亲节”的背后故事。

短片以独特的叙事角度和直戳人心的文案，引发观众的反思，也引起了更多人的关注。

透过短片可以看出，关爱我们生活的，正是如妈妈一样的宝洁产品。“爱在日常”既是“让爱，不止在母亲节”的价值倡导，又凸显了宝洁产品的定位，强化了宝洁暖心、有爱的品牌形象。

在流量时代，打造自己独特的风格显得更重要。反套路营销，设计一个出其不意的营销活动主题，反而更容易引起大众的注意，在众多的营销活动中脱颖而出。

有些企业喜欢用“甩货”“低价”等词语为主题来吸引用户，但这并不是所有的品牌都适用的。有些定位是中端甚至是高端的品牌，如果也采取同样的方式，不仅有损品牌的形象，也会影响用户对品牌的信任。因此，活动主题的设计还要与品牌、产品相符合，从而真正地达到宣传的目的。

找准时间节点，吸引用户的眼球

在营销活动中，时机很重要，选准了营销的时机，活动就很可能会迅速地引发人们的关注，引爆网络。

一般来说，每当遇到节日或者有热点事件发生时，就是进行营销的好时机。找准了这个时间节点，活动往往会比以往收获更高的关注度。

1. 节日

活动如果想要引起共鸣，打动用户，就要找到一个切入点与突破口，而节日往往是企业最常找的活动场景。

当然，节日的种类有很多。有传统节日，如春节、元宵节、清明节、端午节、七夕节、中秋节；有法定节假日，如元旦、劳动节、国庆节；有重要纪念节日，如母亲节、父亲节、教师节；等等。此外，还有企业或品牌的一些重要日子，如周年庆、年中庆典等。

2018年新年伊始，PUPUPULA做的一款装扮类H5小游戏横空出世，随之人们的微信朋友圈被一张张妙趣横生的“汪年全家福”刷屏。

在一个空房子里，用户可以自主选择场景中的元素，比如家人、宠物、家具、花草摆件以及符合春节气氛的装饰品等，然后就可以制作属于自己的2018“汪年全家福”。

这款小游戏的玩法简单，用户可以轻松上手，画风又温暖。游戏仅上线3天点击量就突破了1亿，独立访问人数达300多万。

可以说，在新年之际推出全家福这个概念十分应景，大大地激发了大众参与创作的热情以及分享欲。这样一款简单、好看、有趣又应景的互动类小游戏，比那些没有新意、乏味的春节广告强太多，大众的支持就是证明。

2. 热点事件

在热点事件发生时，如果趁着广大用户正在关注，借着这一波热度进行活动营销，也会收获很多用户流量，取得好的营销效果。

在2018年的高考刚刚结束时，人们对高考的谈论热度持续不减。天猫便以高考为切入点，为“剁手党”们精心安排了一场考试——高级剁手党全国统一考试（天猫“618”）。

试题的内容涵盖面十分广泛，包含常识、数学、物理、创想、时事热点等，其中每一道题都涉及至少一个品牌或产品的相关信息。这既为天猫的合作品牌做了营销，又让用户愿意参与其中。

这场活动营销不仅题目设计得有意思，在考试结束后，将试卷和成绩单一起分享出去，还可能获得清空购物车的奖励。这场追忆高考的考试引发了众人的参与。

天猫的这一波营销很好地抓住了人们关注高考这一点，从而赢得了很多人的关注与参与。

其实，不论是在节日期间进行营销，还是紧跟热点事件进行营销，最初的目的都是吸引用户的关注，抓住用户的眼球。但是，将用户吸引过来只是第一步，关键还在于活动设计得要足够有趣、有吸引力，让用户有参与的欲望。

找到合适的推广渠道

策划一次活动营销，找到合适的推广渠道也很重要。如果活动无法推广出去，所能获得的关注量自然就很有限。尤其是在流量时代，宣传推广是重中之重。

企业可以进行宣传推广的渠道有很多，比如官方网站、官方微博、官方微信公众号、自媒体平台、知名社区、垂直论坛、垂直社群等。

1. 官方网站

企业可以利用官方网站来进行推广活动，在网站首页的显眼位置上添加活动的引导信息，吸引用户关注；也可以在网站上将活动的内容介绍出来，为活动引流。

当然，为了更好地与用户互动，企业在官方网站上除了放上联系电话外，还可以将企业的官方微博、官方微信公众号（或二维码）展示出来，以便用户扫一扫关注。

2. 官方微博

在流量时代，微博是引流、吸引用户的一个重要渠道。在活动开始前，企业的官方微博就可以开始为这场活动造势，比如放上活动的海报，展示活动主题与内容，展示产品，等等。为了让微博用户积极地参与，企业还可以发起相关的微博话题，通过赠送优惠券或者其他活动形式，带动微博用户的积极性，让更多的网友了解并加入到这场活动的宣传中去。

当然，在如今的时代，很多网友参加某些活动，更多是为了好玩，是因为这些活动所引发的话题牵动了他们的情绪。因此，企业在微博上进行营销时，要格外注意话题设计的创意性与趣味性。

3. 官方微信公众号

官方微信公众号可以将活动的内容介绍得更详细，更利于在特定的用户群内传播，引起转发狂潮。企业可以在官方微信公众号上提前发布活动信息，推送相关的活动优惠政策。当然，企业也可以采用写软文的方式来推广，让用户意想不到，从而引发用户的自发分享。

而且，企业还可以在官方微信公众号开启预售或是团购，为接下来的活动吸引更多的流量。

4. 自媒体平台

近几年，自媒体平台的发展越来越快，用户的基数也越来越大。在各个自媒体平台发布活动信息，可以收获不少的用户流量，比如今日头条、抖音、快手等，毕竟这些自媒体平台的用户流量还是十分可观的。

5. 知名社区

知乎、豆瓣、天涯、百度贴吧等大型社区都是活动信息推广的重要渠道。在这些知名社区的垂直频道发布活动信息，可以获得不低的关注度。

6. 垂直论坛

在垂直论坛发活动推广帖，由于论坛的用户都是对相关内容感兴趣的，因此会得到不错的宣传效果。比如，如果是母婴行业企业，就可以到妈妈网、摇篮网、育儿网、宝宝树、孩子王等论坛宣传；如果是服饰行业企业，就可以到淘宝论坛、蘑菇街、美丽说、小红书等进行宣传。

7. 垂直社群

在本行业的垂直社群进行推广也可以吸引到特定的用户人群。企业可以将微信群、QQ群、豆瓣群、微博群等都利用起来，为活动进行推广、造势。

当然，找营销推广渠道最主要的是找能够引起用户的兴趣，让用户可以参与到活动中去的。企业要注意一点：不要哪个渠道热门就投放到哪个渠道。所谓适合的才是最重要的，热门的渠道未必适合你的产品和活动，找到品牌或产品的核心用户所在的渠道才是王道。找无效的渠道既浪费精力、财力，又无法带来有效用户，对活动营销也并无益处。

第八章

瞄准热点事件，引爆产品流量的狂潮

在流量时代，热点来得快，去得也快。但若企业能够抓住一波热点，借势进行一番宣传，就很可能给品牌带来更多的曝光，引发产品的抢购狂潮。

利用热点事件进行营销来提升品牌的关注度，这是很多企业都想要采取的手段。但热点并不是那么好追的。要成功地追上热点，收获一批用户，企业还要遵循一些原则，利用一些技巧。通常来说，在追热点的时候结合品牌的特性，再加以创新，将热点与产品结合起来，往往能取得不错的效果。

利用热点事件进行营销的三大关键点

在流量时代，用户每天接收到的信息要远多于他们愿意接收的信息，信息的超量导致用户的注意力成本增加，很可能你费尽心思做出来的内容，用户并没有兴趣看。

而且，随着接收信息的增多，热点事件在用户脑中停留的时间也越来越短，用户对刷屏级的事件内容也越来越挑剔，这是互联网发展下的大趋势。因此，想要在流量时代做好营销，如果不借助其他方法，而只靠好的创意点子和线下活动，很难取得预期的营销效果。

通常来说，虽然热点事件在用户脑海中停留的时间比较短，但是当热点事件发生时，它仍然能将大众的关注点聚集起来，形成一股不小的流量，并引起大众的讨论热潮。因此，利用热点事件进行营销仍然是获取流量的有效手段。

那么，在利用热点事件进行营销时，如何才能取得比较好的效果呢？一般要遵循以下三个原则。

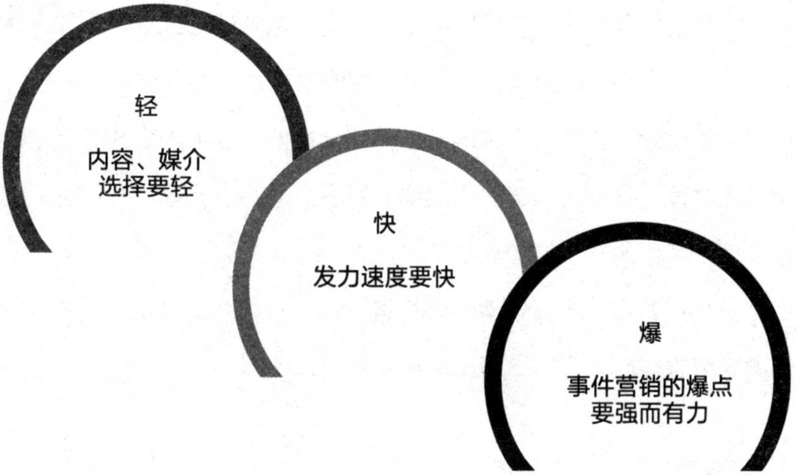

1. 内容、媒介选择要轻

在信息更新如此之快的时代，太复杂、太花哨的内容，用户没有耐心也没有精力认真地看下去。因此，在进行营销时，内容一定要轻、要简单，最好让用户看一眼就能明白说的是什么。

我们都知道，每个热点事件都会有一个关键词或者符号。在营销时，我们也要设计简短且辨识度高的主题词，最好还加上强化统一的视觉符号，像是双井号关键词，比如#草莓音乐节#、#睡姿大比拼#、#逃离北上广#、#Beat U#等。

创意干净简洁，关键词和符号突出，更有利于用户传播和媒体报道，从而引发更多人的讨论。

2. 发力速度要快

当下的市场变化是很快的，当热点事件发生时，如果要借助这个热点进行营销，企业的发力速度就一定要快。如果准备期过长，等到将创意投入市场，市场的竞争环境已经发生了变化。因此，在追热点时最忌犹豫，往往一犹豫，热点就变“凉”了，此时再进行营销，收到的效果也不会很理想。

热点营销已经成为当下营销的常态化，这主要是因为广告人想要自己创造出一个热点事件的难度比借势热点的要高得多。追热点已经成了广告人、营销人的基本功，其目的在于增加流量。

一个好的广告作品需要花费时间与精力去不断打磨，但是一次热点营销，首先的要求就是速度“快”，要超出大众的预期。

3. 事件营销的爆点要强而有力

在营销的过程中，营销主题必须紧跟自己产品的核心卖点，以防止流量外溢，这样才能使营销活动真正得以落地。

现在热点事件的核心爆发路径还是在互联网的社交媒体上，因此，无论是创意设计还是媒介组合，都要围绕着社交媒体来设计。

此外，“埋槽点”也是吸引流量的一种营销方式。社交媒体的广泛使用令用户发声变得越来越便捷，而吐槽则是大多数用户都愿意参与的活动之一。企业在做营销时可以通过“埋槽点”的方式来控制用户吐槽的方向，保持话题的热度。

营销也需要讲究性价比，而利用热点事件进行营销则算得上是性价比比较高的。借助热点事件来营销，借公众情绪来达到推广、宣传品牌的效果，是比较保险的一种营销方式。

以公益为切入点，戳中用户的心

近年来，随着社会型企业理论的普及，越来越多的企业热衷于进行公益营销。以公益为切入点做营销，企业既可以推广自身的品牌，又可以积极地承担社会责任，从而达到商业与公益双赢。

在移动互联网时代，企业发起公益营销也需要良好的创意与宣传，否则活动信息只会被湮没在众多的信息流中，无法被传达给更多的用户，而只能使公益营销变成企业的自娱自乐。

因此，企业在做公益营销时，应该致力于唤起受众的情感共鸣，从而引发传播。当然，企业进行公益营销的传播素材应该是真实的、细节动人的，通过讲述一个感动人的故事，直戳用户的内心，从而达到增强公益营销传播效果的目的。

儿童安全保护一直是人们非常关注的话题。

在2012年11月20日国际儿童日，伊利方舟以“先有安全，再有梦想”为行动理念，举办了主题公益线下活动。活动重点关注两个领域：一是日常生活安全意识和应对能力提升，二是特定自然灾害的识险、避险及自护能力提升。

四年里，伊利方舟联合公益伙伴，在全国25个地区开展了近百场涵盖日常生活和自然灾害等近20个主题的儿童安全专项培训，让安全教育活动得以更为有效地开展。

2016年，伊利方舟联合凤凰网发起了“安全守护，与爱同行”的公益项目，以普通的乡村留守儿童教师的故事为切入点，开展实地调研、故事挖掘、生态校回访活动，深入伊利方舟安全生态校，拍摄“种子教师”人物纪录片等，真实细腻地刻画了乡村留守儿童教师40年来坚守付出的故事。

这个真实的故事触动了大众内心，也引发了人们的广泛关注。

在11月20日国际儿童日，伊利方舟以小型高峰论坛、公益图片展及直播等多种形式开展活动，并邀请了政府机构、社会组织、学校、专家、家庭等涉及儿童安全保护的相关方，通过多层次、多维度地传播热点，立体化地展现了伊利方舟多年来为开展儿童安全教育培训所做出的努力和成果，提升了“伊利方舟”项目的影响力。

公益行动不再只是简单的品牌形象提升和曝光方法，更是业务模式创新中的重要组成部分。

用公益作为纽带，连接起品牌与用户的关系，从用户的内心出发，提高公益与品牌业务的关联度，可以让用户对这个品牌多一份好感。

要打动用户，就要了解他们的心理，进而才能影响他们的消费决策，并与他们建立稳固的沟通关系。企业的社会责任是与生俱来的，如果可以在公益活动中宣传自己的品牌及产品，可谓一举两得。

借势营销，助力自身品牌成长

借势热点来助力自身品牌以及产品的营销，将热点的能量转化为品牌的能量，可以为品牌带来热度，为产品带来流量。

卫龙辣条在借势营销这方面可谓做得十分到位。通过不断地借势营销，卫龙一直在颠覆着我们脑海中对辣条的固有印象，其产品甚至逐渐成了用户眼中的高品质产品。

下面我们就来看一看那些年卫龙做过的借势营销。

2015年4月，卫龙借势《奔跑吧，兄弟》，以软文的形式组织了一个名为“奔跑吧，辣条”的活动。活动的核心思想在于提醒广大学生不要忘记了在初高中时期辣条的陪伴。

2015年10月，卫龙借周星驰的电影《逃学威龙》之名做了一个《卫龙大电影之逃学卫龙》的视频，视频主要表达了辣条是校园里的“抢手货”。卫龙希望可以以此来影响自己的客户群体。

卫龙还做过一些借势营销，但结果都跟前两次的差不多，并没有引起太多的关注。

直到2016年6月8日，卫龙辣条的天猫旗舰店被网友黑了。卫龙官方给的解释是：一位买家要求店铺将货物发到“新疆塔克拉玛干沙漠官邸第32棵白杨树”，店铺没有发货，因而出现了被黑事件。

于是，“卫龙辣条被黑了”这个话题在微博的讨论热度迅速上升。

在营销后期，卫龙官方写了一封道歉信，表明了这是一场营销。

接下来，卫龙让暴走漫画的创作者网络直播卫龙产品的生产过程。在直播中，观众可以看到流水线的干净、整洁、卫生，这改变了人们心中“辣条是由小作坊生产出来的”这一偏见。

在2017年“双11”，卫龙又推出了1.8米长的辣条，并邀请一位专家从外形、口味、色泽、配比、营养等多方面进行点评，专家指出“每年11月上旬之后，适合低价买入”。卫龙借“双11”这股势头，以有趣的营销方式进行宣传，最终卫龙辣条天猫旗舰店在此次“双11”期间，销售额高达836万。

卫龙在借势营销的过程中逐渐找到了自己的风格，并通过一系列的操作塑造起了高档零食的形象，将自己的品牌与市面上同品类产品的品牌完美地区分开来，收获了不少粉丝。

企业在追热点做营销时，也要从中找出有利于自己做营销的点，做出自己的风格。蹭上热点后，还要持续保持话题的热度，这样才能让品牌获得更多的曝光，让越来越多的人参与到此次的营销活动中去。

第九章

玩转短视频与直播，搭上“网红”经济的流量快车

短视频与直播都不是偶然出现的新鲜事物，只是随着移动互联网时代的快速发展，短视频与直播才呈现出了爆发的态势，用户的数量也在持续增长中。这对于企业来说，算是一个流量红利。企业要想抓住这个流量红利，就要根据市场环境的变化，结合自己的品牌特性以及产品特征来做调整。

短视频与直播能为企业带来不少用户流量，但企业需要真正留住用户、实现消费转化才算是达到了最终的营销目的。因此，钻研短视频与直播的内在逻辑，将其用作宣传推广的工具，就成了流量时代企业的不二选择。

抓住流量才不会错过商机

短视频与直播都是流量时代的产物，两者在移动营销方面各有优势，都有其受众群体。从2017年以来，各种短视频App越来越火，一组搞笑的GIF动图，一段时长几十秒的有趣的短视频，都成了人们的娱乐佐餐。短视频声画结合、内容丰富、表现力强，而且贴合人们碎片化阅读的习惯，因而更便于推广，也更易于吸引受众。在当今的注意力碎片化的时代，短视频刚好迎合这一特点，可以在短时间内吸引用户的眼球，并因此获得用户的长期关注。抖音、快手、微视、秒拍等短视频App都有不少的活跃用户。

2016年是移动直播爆发的一年，据统计，截至2016年3月，我国视频直播用户规模总量达到1.86亿，同比增长90%。2016年，视频直播领域融资金额也已经超过了10亿元。

移动直播快速发展是流量时代的大趋势，但也正因为发展迅速，产生了一些制约因素：一是直播平台的内容不太具备沉淀性和黏性，优质的内容较少，无法留住粉丝；二是直播只能为企业带来品牌曝光，但是销量的转化情况还是未知的。

但随着用户流量的快速增长，直播也变得越来越火热。而且，直播营销还具备其他营销模式所不具备的优势，比如用户的参与感比较强、可以实现即时互动、降低用户的信任成本等，因此，很多企业也都选择用直播营销来提高用户的品牌黏性。

流量时代所带来的营销红利，虽然降低了企业的营销成本，但同时对营销内容的质量的要求也更高。一段短视频或者一场直播要想在众多的信息中脱颖而出，内容就要具备较高的质量。换句话说，短视频与直播所能带来的品牌曝光度、销售转化率，在很大程度上取决于内容的质量。

2017年1月9日，神州买买车携手某明星在天猫直播开启了一场90分钟的卖车秀。在这90分钟的时间里，直播的环节安排得十分紧凑，此明星先后进行了参加生日派对、经典的模仿秀、给粉丝赠送礼物、现场教学“买买舞”等活动。这场90分钟的直播堪称一档综艺节目。

这场高质量的直播取得的效果也很惊人：天猫直播平台点赞数1820万；在线预订汽车达2717台，订单金额高达2.28亿元，相当于每分钟卖出11台车。

由于短视频营销、直播营销的成本比较低，于是很多企业便误认为制作出优质的短视频和直播内容的门槛也比较低。还有些企业认为只要找一些自带流量的“网红”，用一部手机、一个自拍杆就可以把品牌和产品植入进去。如果真的这样操作了，那么是很难带来营销转化的。

在移动互联网发展如此迅速的大环境下，企业想抓住这些流量，实现流量变现，这种想法是十分正确的。但是如果做法不当，不生产出优质的内容，那么结果只能是让这个红利被人白白抢走。短视频营销、直播营销的真实目的就是通过挖掘粉丝需求，生成内容和产品，让粉丝变成消费者。因此，做出优质的内容，利用短视频和直播进行营销，才能帮助企业在流量时代收获更多的用户，真正实现流量变现。

短视频营销的五个关键点

中国互联网络信息中心（CNNIC）发布的第43次《中国互联网络发展状况统计报告》指出，截至2018年12月，网络视频、网络音乐和网络游戏的用户规模分别为6.12亿、5.76亿和4.84亿，使用率分别为73.9%、69.5%和58.4%。其中，短视频用户规模达6.48亿，用户使用率为78.2%。

短视频的制作门槛低，不需要专业的拍摄设备，而且，其社交属性强，营销成本和预算比较低，因此尤其适合资源有限的中小企业。

短视频营销是视觉营销的一种形式，它更契合人类作为视觉动物所具有的信息接收习惯。企业如果希望短视频营销取得好的效果，需要注意以下五个关键点。

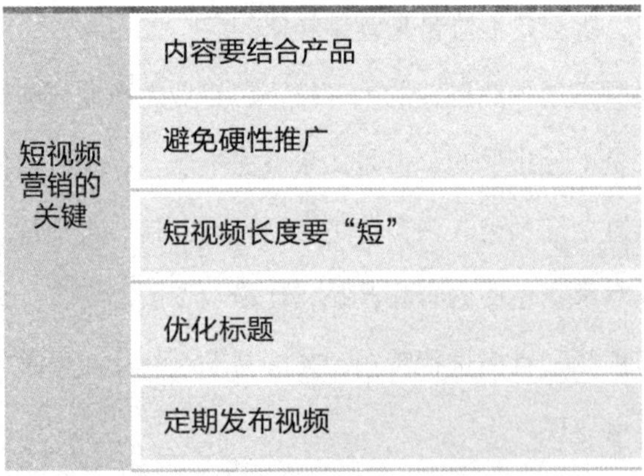

1. 内容要结合产品

根据品牌与产品的特点，短视频的内容也要进行相应的调整。一般来说，内容要结合产品的价值，将产品、功能属性等融入拍摄创意之中；也可以结合当下流行的文化趋势或者热点，拍摄一些与产品相关的视频，从而提高视频的点击量与传播量。

比如，索尼就模仿著名电影《盗梦空间》的样式，将两款产品（相机和智能手机）的优点结合在了一起，通过画中画的形式使观众产生一种思维旋涡的错觉，给人带来一种科技感，十分炫酷。

2. 避免硬性推广

很多人都不喜欢看广告，如果看到这些短视频是广告，人们就会本能地排斥。因此，在短视频中，产品的植入要巧妙，不要生硬地进行推广。当然，你可以选择在视频中展示品牌的历史、价值观或者使命，但如果可以将广告做到“润物细无声”的程度，则会大大消除用户的反感，增强营销的效果。

3. 短视频长度要“短”

由于时间的限制，短视频不适宜承载信息量过大的内容。而且，短视频的时间也不应太长，节奏不能太缓慢。在如今的快节奏时代，人们是很难有耐心去看一段时间长、节奏又缓慢的视频的。

因此，我们只有很短的时间可以用来吸引用户的注意力，每一秒钟对于品牌来讲都至关重要。企业需要在有限的时间内用具有创造力、独特性和原创性的视频来表现出产品的特性，从而征服看这些短视频的用户，让他们在看完后愿意去转发分享。

4．优化标题

短视频的标题会给用户留下第一印象。一般来说，用户是否会点开一个短视频，往往会受到标题的影响。如果标题比较吸引人，比较符合用户的需求，那么短视频被点开观看的概率就会高一些。因此，优化短视频的标题是十分必要的。

通常情况下，视频标题应该包含与视频内容相关的1～2个关键词。如果关键词堆砌过多，会有“剧透”的嫌疑，用户很可能会猜出视频的内容，因而不会再点开视频观看；如果关键词与视频的内容不相符，用户在点开视频后可能会产生“被欺骗”的感觉，因而对这个账号所发的内容产生抵触情绪，甚至屏蔽、拉黑这个账号。

5．定期发布视频

发布短视频时最好是定期发布，这样可以获得稳定的用户流量。而且，有计划地发布短视频，经过一段时间的试验和传播效果评估后，还可以对最受欢迎和最不受欢迎的内容、每日发布内容的最佳时间等有比较清晰的了解，进而可以以受到用户喜爱的视频内容作为切入点，接下来着重拍摄这方面的内容。

当然，每一段短视频都要有一个主题，确定了宣传主题，短视频的拍摄才会更有针对性。企业可以固定每周开一个选题会，让团队进行思想火花的碰撞，对本周要宣传的主题和大致风格形成一个较为明确的构思；然后视频制作人员在这个基础上再结合时下热点，融入创意，进而制作出稳定、常规的视频内容。

短视频营销是流量时代比较常见的一种营销方式，由于制作短视频的准入门槛低，有些企业就产生了一个误区，认为短视频营销就等于植入广告，因而不注重视频的质量。其实，随着众多互联网企业布局短视频市场，市场的成熟度逐渐提高，内容生产的专业度与垂直度不断加深，优质内容成为各平台的核心竞争力。因此可以说，短视频营销的爆发点在于内容，将产品包装成内容，用内容来巧妙地推广产品，这才是正确的理念与做法。

玩转短视频，“吸粉”引流更迅速

短视频营销是目前社交媒体营销比较火爆的一种方式。在流量时代的大背景下，玩转短视频营销，成了企业营销宣传的一种重要途径。

要做好短视频营销，首先就要了解各个短视频平台。在更适合自己产品的平台上发布视频，往往能收获不少的关注，取得比较好的效果。常用的短视频平台有抖音、快手、微视、秒拍、美拍、西瓜视频、梨视频等。

1. 抖音

抖音是一款社交类的软件，在2016年9月上线。在抖音，用户可以通过抖音短视频来分享自己的生活，同时也可以在这里认识更多的人，了解各种奇闻趣事。

抖音是一个专注为年轻人服务的音乐短视频社区，用户录制的视频长度大多是15秒。录制视频后，用户还可以选择歌曲为视频配乐，也可以通过视频拍摄快慢、视频编辑、特效（反复、闪一下、慢镜头）等技术让视频更具创造性、更好玩。

在2020年1月6日，抖音发布《2019抖音数据报告》（以下简称《报告》）。《报告》指出，截至2020年1月5日，抖音日活跃用户数（DAU）突破4亿。数据显示，抖音2019年1月的日活跃用户达到2.5亿，2019年7月公布的日活跃用户数为3.2亿，这意味着抖音在一年内的日活跃用户数增长超过1.5亿。由此可见，抖音的发展势头十分强劲。

2. 快手

快手的前身叫GIF快手，诞生于2011年，最初是一款将视频转化为GIF图片的工具。2013年7月，“GIF快手”从工具转型为短视频社区，改名为“快手”。

在快手上，用户可以用照片和短视频记录自己的生活点滴，也可以通过直播与粉丝实时互动。随着智能手机的普及与流量成本的下降，快手的活跃用户规模也实现了持续性的增长，用户遍布全国各地，尤其是在二三线城市和农村地区有很高的覆盖率。

2019年9月12日，快手大数据研究院发布了《2019快手内容生态报告》（以下简称《报告》）。《报告》显示，快手日活跃用户数在2019年5月突破2亿，月活跃用户数突破4亿，原创视频库存数量超过130亿。

3. 微视

微视是腾讯旗下的短视频创作与分享平台。微视具有视频跟拍、歌词字幕和一键美颜三大功能，并与QQ音乐曲库打通。

视频跟拍：每个视频界面都可以点击“跟拍”进入视频录制。用户可以直接使用原视频音乐，模仿原视频的动作进行拍摄，从而让视频录制更简单，降低用户拍摄视频的难度。

歌词字幕：用户在选择了背景音乐之后，在录制视频时可以选择显示歌词字幕，从而让人轻松跟唱。

一键美颜：微视在短视频拍摄中加入了一键美颜、一键美型的功能，便于用户修饰容颜。简单易操作的美颜功能也受到了广大用户的喜爱。

由于同是腾讯旗下的产品，微视用户可以通过QQ账号、微信账号、腾讯邮箱账号登录，也可以将拍摄的短视频同步分享到微信朋友圈、QQ空间等，从而增强了微视的社交分享功能，也免去了用户再次注册的烦琐流程。

4. 秒拍

秒拍是一个集观看、拍摄、剪辑、分享于一体的短视频工具，很多明星都会利用秒拍拍摄短视频。

秒拍有多种不同风格的炫酷主题，提供不同个性的动态视频水印，而且提供实时变声功能，让用户拍摄的视频更能彰显个性。

5. 美拍

美拍主打“美+短视频+直播+社交”的模式，内容十分丰富，包括搞笑、美妆时尚、美食、音乐、舞蹈等20个频道。其在2014年5月上线后，连续24天蝉联App Store免费总榜冠军，并成为当月App Store全球非游戏类下载量第一。

美拍引发了一系列全民参与的火爆活动，比如，#全民社会摇#、#扭羊歌#等。因为具有庞大的参与规模，前者甚至成功创下了吉尼斯世界纪录。

美拍具有强大的美颜功能，有令人惊艳的特效和滤镜，这成功地俘获了大多数女性用户的心。美拍也成为时尚女性最集中的视频社交平台。

如果你的产品受众定位是时尚女性，那么在美拍录制短视频或进行直播都是不错的选择。

6. 西瓜视频

西瓜视频是今日头条旗下的独立短视频平台，其基于人工智能算法为用户推荐短视频内容。西瓜视频的内容频道十分丰富，包括音乐、影视、社会、游戏、美食、儿童、生活、体育、文化、时尚、科技等。

截至2018年2月，西瓜视频累计用户人数超过3亿，用户日均使用时长超过70分钟，日均播放量超过40亿。

西瓜视频上线了一项服务于创作者，并能为创作者带来收益的功能——边看边买。只要在视频中插入与视频内容相关的商品卡片，用户在观看视频时就可以点击商品卡片完成交易，从而使创作者获得收益。

7. 梨视频

梨视频是一款资讯类短视频App，大部分视频的时长在30秒到3分钟。梨视频的资讯以不同的版块方式呈现，比如“冷面”是新闻人物回访类视频，“风声视频”则瞄准社会问题，“时差视频”则主要关注海外的动态。

不同的视频平台有其基本的特征及特定的用户群，这些视频平台的用户群可能会有所交叠。企业在利用短视频进行营销时，还需要找到适合自己产品的平台，这样能收获更多的关注，也能获得更高的转化率。

即时互动，直播营销的礼仪

直播最突出的特点就是可以与观看直播的用户进行即时互动。如果你观看过几场直播，你就会发现，那些拥有很多粉丝的主播在直播时会很关注粉丝的需求，也会频繁地与粉丝互动，而不仅仅是自顾自地说自己本来就准备好的那些话。

直播间需要粉丝以及粉丝活跃度来维持，成熟的主播会将观看直播的用户看成自己的朋友，并与他们积极地互动，尽量满足用户提出的要求。

在进行直播营销时，也需要有不同的“套路”。企业要进行一场直播营销，自然不能是无计划、无目的的，但也不应完全按照既定的计划来进行，而应该将计划与实际情况相结合。

直播营销要想取得比较好的效果，可以从以下几个方面来考量。

1. 直播时间要尽量延长一些

通常来说，直播的时间可以在3～6个小时。如果时间太短，仅仅原本的那些粉丝会观看到这场直播，难以吸引到更多的新用户。而直播的时间长一些，观看直播的用户数也会逐渐上升。

而且，直播的时间相对比较长，主播可以将自己想讲的内容都讲完，还可以向用户充分地展示产品的情况，不至于因为时间紧张而漏掉一些重要的信息。

主播要注意，当有新用户进入直播间之后，主播要与新用户打招呼问好；但也不要忽略了一直以来支持自己的老粉丝，也要向这些老粉丝表示感谢。

2. 给出专业的意见

不同的产品都有其适用的人群，即使是同一个企业的产品，定位人群也会有所区别。因此，主播要针对产品的适用人群、适用场景给出相对专业的、靠谱的建议，而不是一味地劝导大家去购买。这样用户会更信任主播，也更愿意在这场直播中挑选一些适合自己的产品。

在直播介绍产品时，用户与主播的关注点也可能不一样，此时对产品有兴趣的用户很可能会在直播间提问，这就需要主播及时解答用户的疑问。

3. 强调价格优势

低价格始终是具有吸引力的优势。为了促使那些心动用户下单，主播在直播间可以时不时地强调一下自己的产品价格优势，比如满减、打折、送大礼等，让用户有立即下单的冲动。

此外，为了留住用户，直播时也可以偶尔赠送一些小礼品或者大额优惠券等。

4. 控制销售节奏

在直播过程中，主播还需要不断地向观众更新补货信息和购买链接，提醒没有抢到的观众购买。当有新用户进入直播间后，主播就可以顺势发一下购买链接，这样当用户想要购买时，就可以直接下单了。

主播还需要引导并控制销售节奏，比如告知用户每次上架的产品数量，并在开始售出后随时播报产品的库存，营造紧张与热销的氛围。

5. 直播结束前更要与用户互动

在直播快要结束时，为了答谢粉丝的支持，主播也可以赠送一些小礼物。最后，主播要与用户告别，最好是以聊天的方式收个尾，让直播圆满结束。

此外，主播还可以提前预告下一场直播的时间和内容，为下一次的直播造势，吸引用户。

即时互动是直播的基本礼仪，也是直播所具有的独特优势。主播在直播过程中积极地与粉丝进行互动，既可以留住粉丝，增强粉丝对自己的信任，提高自己的人气，又有助于将这些用户流量进行转化，提升直播营销的效果。

直播营销内容设计的三要素

中国互联网络信息中心数据显示，截至2018年12月，网络直播用户规模达到3.97亿，用户使用率为47.9%。直播平台具有吸引粉丝快、占领用户流量快、配合社交平台可以迅速传播等特性，因而很多企业都将目光转向了直播营销。

要真正利用直播营销实现企业的流量转化，企业还要打破两点制约因素：一是直播平台的优质内容较少，内容缺乏沉淀性和黏性；二是直播虽然可以为企业带来品牌曝光，但未必会带来实际销量的提升。

直播营销虽然可以快速制造新鲜的热点话题，获取大量流量，但是由于存在大量碎片化的信息覆盖、传播周期缩短、用户兴趣降低等因素，要长久地留住这些流量也是比较困难的。

虽说网络购物人群上到老人下到儿童，但观看直播的粉丝和主要的网络购物人群还是“80后”“90后”。如果企业想要借助直播平台做营销，就要满足“80后”“90后”的消费心理，让营销内容具备年轻化、趣味性、有爆点三个要素。

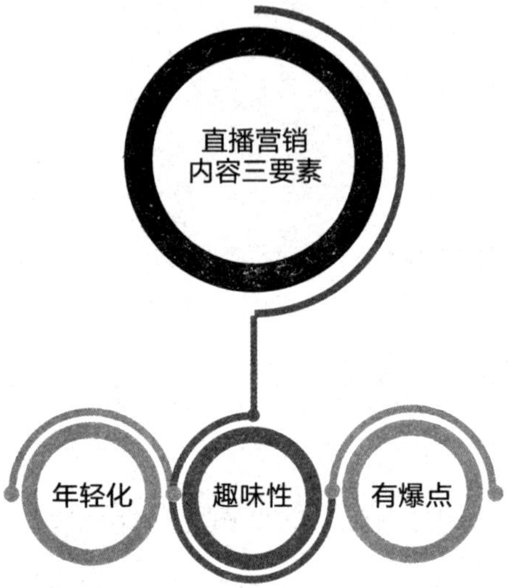

1. 年轻化

直播营销的内容只有符合了年轻人的口味，才能将他们吸引过来。通过数据调查发现，与体育、娱乐、明星、热点事件、社会热点话题等相关的直播，往往能在年轻人中引起热烈的讨论。

诚然，明星的影响力是巨大的，所带来的流量也是巨大的，但是企业如果要找明星来宣传，会花费较高的成本。这显然不是直播营销最优的选择。因此，企业应该树立直播内容年轻化的意识，贴近直播平台的受众人群，让用户乐于观看直播并购买产品，而不是将品牌提升、销量转化的压力放到明星或者名人身上。

可以说，年轻化的内容是为了吸引受众。将用户流量先吸引过来，然后再用趣味性的内容留住用户，才能让流量真正落地。

2. 趣味性

直播平台备受企业的青睐，但是直播的内容却大不相同，内容模式单一、贫瘠的直播，往往无法为企业传达出实质性的营销内容信息。而且，有些直播还存在内容低俗、整体价值观导向偏差等问题，这也是企业在做直播时需要规避的。

此外，直播的内容缺乏趣味性也是营销不成功的原因之一。对于广大用户来说，他们喜欢看的是那些自己能看得懂的、有意思的直播。直播内容如果过于深奥、专业，往往就很难俘获用户的心，直播自然也就难以取得较好的效果。

2020年“五一”小长假期间，人们无法出门旅游，马蜂窝便推出了“打开马蜂窝，直播全世界”的活动。从4月30日到5月5日，马蜂窝不间断地带来了1500多场直播，通过100个直播镜头记录了100座城市以及城市中发生的100件美好的小事。

在陕西延安看直升机飞越壶口瀑布，在四川成都看大熊猫在线“卖萌”，在云南大理体验一次扎染，在荷兰鹿特丹探秘旋转的巨大风车……马蜂窝在直播间里构建出全新的旅行场景，让观看直播的用户感受来自世界的美好，给用户带来优质的观看体验。

马蜂窝用优质的内容和兼具趣味性的传播方式为用户展现了实用的旅游攻略，将那些美妙的旅游场景通过直播真实地呈现在了人们眼前，让人们实现了“云旅游”。这场直播也使马蜂窝获得了不低的热度，获得了大量用户的关注。

3. 有爆点

有爆点是为了与留下来的用户有更直接、频繁的互动，进而将流量转化为销量。

直播营销的最终目的是通过直播让用户边看边买，最好还能让用户积极主动地去分享。因此，在内容上制造吸引用户的爆点，打动用户去下单是十分必要的。

此外，使用一些辅助功能也能刺激用户去下单，比如在直播的过程中送福利，发现金红包、点赞红包，设置几款数量有限的秒杀产品，等等，从而提升用户消费的概率，提升转化率。

在流量时代，直播营销也成为企业和广告主看重的推广方法。只有做出优质的直播内容，将吸引来的用户留住，最终实现转化，企业做直播营销才称得上做得很成功。

“直播＋”模式，高效获取有效流量

直播营销的模式有很多，很多企业也都在探寻更有效的获取流量的方式，以下几种方式可供参考。

1. 直播＋电商

阿里、腾讯、京东、苏宁等，都推出了与电商直播相关的扶持政策。除了平时的店铺直播外，淘宝、天猫、京东、苏宁等电商平台还在活动力度比较大的时期进行直播宣传，为活动造势。

受“618”电商节的催化，直播成了2020年“618”活动的新亮点。而用户普及度的快速提升叠加直播形态的普遍高转化率，也给电商直播带来了较大的增量。

企业也可以入驻各个电商平台，通过直播来引流，并带动产品的销售。当然，企业需要结合自己的产品特性以及各个电商平台的受众人群来决定将重点放到哪个平台，将哪个平台作为辅助的渠道，从而带动企业整体销量的增长。

2. 直播＋社群

直播可以将消费者临时聚集在一起，构建一个商家与买家高频及强交互的场景。而且，直播能给消费者带来更直观的感受。

直播与社群营销相结合，可以更准确地连接到目标客户。直播可以为社群导流，通过社群的持续运营再将企业与客户的关系由弱关系转化为强关系。可以说，“直播＋社群”是双轮驱动模式，是相辅相成的。

在流量转化越来越难的时代，对商家来说最省力的方式就是让用户带来用户。而通过社群给用户赋能，则能取得不错的效果。

3. 直播＋发布会

“直播＋发布会”的模式已经成为目前各大品牌抢占流量的营销利器，一些知名品牌，比如小米、vivo、唯品会等纷纷采取了这种模式进行营销。

小米在2020年5月26日于线上举办了Redmi 10X系列新品发布会，在直播中发布了Redmi 10X系列手机、RedmiBook系列新品、Redmi智能电视X系列产品。明星代言人在直播中首度解读Redmi 10X。而且，这场直播发布会可以在各个平台观看，除了北京卫视同步播出外，还有包括腾讯视频、爱奇艺、优酷直播、微博、bilibili、抖音、小米商城、小米之家、小米有品等在内的69家网络直播平台同步播出。

这种营销模式，使Redmi 10X系列新品受到了人们的广泛关注，赢得了超高的人气。

4. 直播＋广告植入

在直播中进行广告植入也是最为普遍的一种营销方式，这种营销方法摆脱了刻板的生硬传播，可以在潜移默化中获得粉丝的好感，从而取得良好的转化效果。

有不少主播在直播中试口红的颜色，然后在镜头前从各个角度全方位地展示给大家看。并且，他们会一边试色，一边将口红的颜色及其适用的场景描绘出来，引导用户去购买。在直播的结尾，他们会挑选出几个颜色的口红推荐用户购买。这种通过直播来呈现效果的方式对用户来说是很有说服力的，这个广告植入做得也就很成功了。

5. 直播＋知名人物访谈

某个领域中的权威人物、知名人物参与访谈直播，往往能吸引不少用户流量。与专业的主播相比，直播间的商业大佬们本身就是一种特别的存在。

而且，这些大佬也是企业形象的代表，参与直播对宣传企业文化、提升企业知名度以及用户的好感度也都能起到积极的作用。通过直播与网友互动、卖货，也成为提升品牌影响力和拉动销量的新风向。

直播的模式有很多种，企业没必要每种都使用，而要从中选择最适合自己的品牌及产品的，方向对了，营销才能取得预计的效果，甚至超额完成任务。在流量时代，将“直播＋”的营销方式利用起来，既顺应时代的发展变化，又有助于让企业立于不败之地。

解密电商直播新方法

电商平台直播可以打造导购型消费场景，通过实时互动促进流量变现。很多企业的直播也都是从电商直播开始做起的。

具体来说，电商直播可以更全面、直观地传递出商品的信息，并从一对一的讲解转变成一对多的讲解，降低售前咨询的成本；而且，在直播的过程中，用户可以通过购买链接直接跳转到购买页面，流量的转化效果可以即刻体现出来。

那么，企业如何才能做好电商直播呢？移动营销公司氢互动率先提出的基于直播营销的“IMBT电商直播方法论”，值得企业借鉴参考。

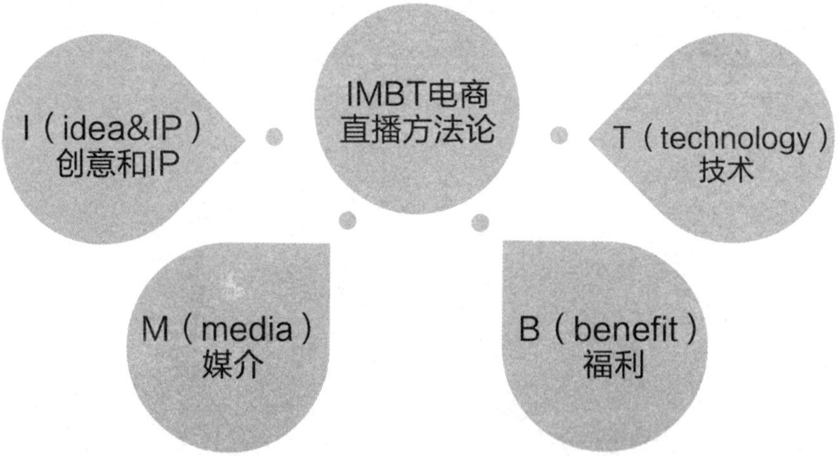

1. I（idea&IP）：创意和IP

直播营销现在是个大趋势，但是优质内容稀缺是制约直播营销的一个关键因素，只有好的内容创意才能吸引并黏住流量。因此，企业在设计直播营销时，一定要着重规划内容创意环节。而采用那些自带流量的IP（知识产权）则会成为丰富内容创意的有效方式。

在设计内容创意时，可以结合企业的性质和产品的属性以及IP的特征，在直播的每个环节都围绕着企业预期的效果下功夫。比如在互动过程中要说些什么，在哪些节点开始发送福利，说什么样的“金句”来提高用户的黏性，运用什么样的话术来刺激用户下单，等等。

此外，企业在进行直播，尤其是跨平台直播时，还要做好细节控制，比如找到一个合适的位置；在多个平台同时直播，要避免因为位置不恰当而无法很好地展示产品，比如在有些平台产品能完全展示出来，而在另一些平台则只能看到产品的一小部分。

无论是直播现场的背景布置、设备调试，还是突发情况的处理，这些细节都需要企业做好场控，避免因小失大，给用户带来不好的观看体验。

2. M（media）：媒介

直播营销，在保证内容创意的前提下，还要配合媒介渠道的推广。其中，直播平台首页的推荐位置、搜索入口、推送的push信息等，都是企业首选的天然流量入口。

未来的营销方向必然是多平台的组合发展。因此，用电商直播做流量落地入口，用综合型的直播做声量宣传，并配合微博、微信、社群等进行流量宣传，都需要引起企业的重视。

注意，在直播中最好附上直播产品的信息链接，这样当用户对产品感兴趣，想要了解详细信息时，就可以直接点击跳转到详情页面，使流量的转化效果立现。

3. B（benefit）：福利

在直播过程中发放福利可以提高用户的黏性。现在几乎每场直播中企业都会向用户发放福利，那么给用户发放什么样的福利，发放福利的规则要怎么制定，在哪些环节发放哪些福利，这些都是企业在直播前需要考虑的问题。

直播中的福利一般有发放红包、发放卡券、商品秒杀等。企业需要根据直播的风格以及产品的特性提前将红包、卡券的金额设置好，将发放的时间、秒杀商品的件数和价格等确定好，为直播做好准备。

4. T（technology）：技术

直播后台的技术也是企业不可忽视的一个重要方面，比如直播现场的灯光、摄影、连麦、音箱设备的调试，网络宽带、视频服务器，直播屏幕中的画面、浮层特效等。只有这些技术都跟上了，直播过程中才没有后顾之忧。

在移动互联网时代，电商直播是最具转换实效的直播形式，也是直播营销的必然趋势。不论是明星直播、“网红”直播，还是企业人员直播，用户在观看直播的过程中都能够及时地参与互动，可以在场景化的环境中有更好的消费体验，也更容易被带入消费情境中，进而产生消费冲动。

第十章

做好裂变式营销，突破流量瓶颈

互联网企业在裂变上的玩法已经千变万化，而传统企业在转型到网络平台后，采取的裂变式营销的方式还比较粗陋。因此，本章主要介绍裂变式营销用存量找增量的方法，影响裂变成功的三个因素，以及多种裂变营销方式，等等。在裂变式营销逻辑中，只有把握住流量时代的特征以及用户的心理需求，才能更好地突破流量瓶颈，裂变的效果才会更有保证。

运用社交流量，用存量带来增量

你是否想过，移动互联网时代最贵的是什么？我们总说流量，要抓住用户流量，难道最贵的是流量吗？事实并非如此。移动互联网时代最贵的是用户关系和关系链。而在这些人际关系中，信息的流动就构成了源源不断的流量。企业如果可以将这种模式利用起来，就能够获得巨大的流量。

随着互联网行业的不断发展，流量的获取成本越来越高。如何用最低的成本获取流量，成了当前大多数企业都关注的问题。而通过裂变式的营销方式，让老用户运用自己的社交流量，为企业带来新用户，则是成本比较低的一种营销方式。

裂变指的是传播个体通过社交分享的方式，比如分享奖励、福利、趣味内容等，帮助企业进行拉新运营，从而达到一个老用户带来多个新用户的增长目标。

由于每个人的交际圈中都存在很多潜在用户，而交际圈中的每一个人都有各自不同的人际关系，因此，以每个人为中心进行扩散，会让这些交际圈中接收到裂变活动信息的用户数呈现指数级的增长。随着裂变过程的进行，接收到企业信息的用户也会越来越多，并会逐渐形成一个大的规模，使企业获取很多的用户流量。

趣头条就是通过裂变营销的方式迅速崛起，并辅以多种多样的福利来引导用户关注，从而获得品牌的曝光，收获大量的用户的。

趣头条是一款新形式的资讯阅读软件。作为一个内容平台，趣头条送福利主要通过阅读赚钱和收徒机制来进行。

阅读赚钱，指的是阅读趣头条上的新闻可以获得一定数量的金币，金币可以按照一定的比率兑换成人民币。而且，除了阅读外，用户在趣头条App上每日签到、做任务、开宝箱等，也都可以获得相应的金币。这对于用户来说是十分容易操作的一种赚钱方式。

趣头条还有一个比较有特色的活动就是收徒，这实际上就是邀请好友得福利的一种形式。用户可以向好友分享二维码、邀请码，邀请其注册趣头条账号，注册成功后用户就能够获得金币奖励，也就是我们常说的拉新奖励。

同时，当"徒弟"通过有效阅读获得金币时，"师父"也可以得到一部分的"金币"；而如果"徒弟"也收了徒，那"师父"在这一过程中同样也可以获得金币奖励。

除了这两项福利外，趣头条还有邀请好友拿现金、分享抽奖、福利社送福利券等环节。用户既可以将自己的碎片化时间利用起来，通过阅读来赚钱，又可以通过这些活动来获得收益。

这种运营模式不仅让很多用户产生了兴趣，传播了品牌，也达到了拉新留旧的目的。

与传统的营销方式相比，裂变营销更强调分享，即通过老用户为企业带来新用户，从而降低获客成本；而且，与传统的广告投放方式不同，裂变营销是先看效果后兑现奖励，即老用户分享后，只有在新用户注册之后平台才会发放拉新奖励或者注册奖励，从而降低了企业的广告投放风险。

如今，各种社交App比如微信、微博等，已经成为人们的主流应用程序，因此，裂变的关键就在于如何让用户分享。如果企业所设计的内容不足以打动用户，用户在看过之后不动心，不想参与这些活动，那么自然就不会主动分享。因此可以说，福利设计和裂变创意是影响用户是否会分享的主要因素。

此外，关系链成本是锁定用户行为和忠诚度的一个指标。融入了社交因素的产品，用户使用的频次会明显增多；而没有社交关系的牵绊，即使是功能强大的产品，也很容易被用户抛弃。这就像我们很容易放弃一家食物特别美味的饭店，却很难离开一个朋友圈。

企业一定要善于借助社交平台的力量，通过对内容和福利的设计去刺激用户，促使用户去分享，主动将企业的品牌或者产品信息传播出去，从而使用户变成企业用户结构中的重要连接点，为企业带来更多的潜在用户。

裂变成功的三个因素

近几年，裂变式营销其实一直围绕着我们，比如滴滴、神州专车发放打车券，美团、饿了么分享订餐红包，等等。

很多企业也都逐渐玩起了裂变式营销，但效果并没有预期的那么好。那么企业要如何策划一场有效的裂变营销呢？有三个因素需要着重注意。

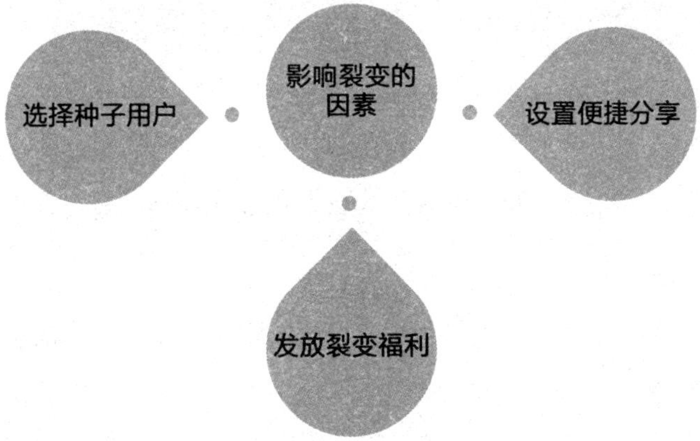

1. 选择种子用户

种子用户指的是那些与产品调性相符合，活跃度高，对产品的忠诚度高的用户。种子用户不同于产品的初始用户，他们可能是产品的初始用户，也可能是经过初始用户拉新而加入进来的。

通常来说，企业在选择裂变营销的种子用户时，可以根据以下三个特征来挑选：

（1）用户的活跃度高、影响力大，当发布了产品或活动的信息后，用户乐于分享转发。

（2）用户与产品的调性相符合，是真正使用产品的客户，是产品的定位客户，而不是随便玩玩的客户。

（3）用户可以对产品提出自己的反馈建议，使产品朝着更优质的方向发展。

种子用户是产品的忠实用户，因此种子用户的质量比数量更重要，少而精也并不是坏事。

2. 发放裂变福利

裂变福利不单单指福利补贴，有创意的内容、有趣的玩法、互动的情景等都可以被称为裂变福利。但是由于靠内容、玩法等方式实施裂变，爆发的不确定性较大，所以很多企业还是选择以福利补贴的方式来开展裂变营销。

在福利的诱导下，如果再加入一些创意作为催化剂，就很容易促使用户去分享，从而使企业获取社交流量。

神州专车做过一个“史上最长加班夜”的案例，用优质的创意与福利吸引用户去点击分享。

在十一长假结束之后，报告邮件堆成了小山，加班不可避免。于是，神州专车展示了一个史上最长的加班夜。

在内容制作上，虐心的文案加上小互动，再配以孤寂的各种声效，更让消费者感觉加班的夜晚十分漫长……从夜宵到路灯，再到一束温暖人心的光，伴随着这束暖光，神州专车出现了。“神州专车始终在等你，护送加班夜归人安全回家！”强调神州专车安全性的标语瞬间就刺激了消费者的神经，尤其是在忙碌工作之后。

在这条标语的下方，还有两个领券入口，分别是“即刻领取加班费”和“给朋友发加班费”，通过发放优惠券的方式刺激用户领券消费。

案例推广后，市场反应十分火爆，品牌便结合消费者的反馈推出了一个简单的福利机制：加班打卡，神州专车领券回家安全更便宜。这在让消费者每天来领券的同时，还在不经意间将一波即时的互动变成了一个长期与目标消费群沟通的平台，让品牌获取了更多的有效流量。

3. 设置便捷分享

社交的目的是沟通，而社交媒体让这种沟通方式变得更加便捷。而且，社交媒体还可以为用户提供展示自己、塑造自己形象的平台。比如很多人都会在微信朋友圈自发地裂变分享一些活动，比如“Keep健身”“英语阅读打卡”“运动步数”等。用户通过分享除了可以获得一些免费福利外，还能向朋友展示自己积极奋斗的一面，从而满足用户的心理需求。

但在这个裂变传播的过程中，有些用户也可能会因为觉得流程烦琐而放弃，因此，企业要注意让分享的操作流程务必简单易学。比如，在一些裂变活动中，用户往往无法直接将内容分享到自己的社交圈，而需要先填写手机号码登录，绑定账号，然后经过一系列烦琐的流程才能分享成功，这就会打击用户分享的积极性。

如果企业可以优化这些流程，或者直接与用户常用的社交软件合作，让用户直接用已有社交软件的账号登录，那么就可以提升裂变活动中用户的体验，使分享更便捷，用户的操作也更流畅。

此外，符合用户心理的趣味性的内容，也会提高用户分享的概率。内容的趣味性会让用户不再那么关注这条信息是不是一条商业广告，而纯粹是出于觉得有趣而主动进行宣传。

自传播：产品的流量裂变

在上一节中我们说到，符合用户心理的趣味性的内容会提高用户分享的概率，使其积极主动地对产品进行宣传。其实，用户的这一行为就是自传播，即通过用户自发的分享使产品获得更广的传播。

自传播的核心在于产品本身是否真正满足了用户的需求且产生了价值。企业要比用户先一步考虑到分享需求，只要产品的内容或者服务具有价值，能够触及用户的实际需求，流量的自然传播也就水到渠成了。

通常来说，能够引发用户自传播的内容或产品大多具有以下某个或某些特征。

1. 内容有趣

“分享有趣的内容就代表我是一个有趣的人”——不少用户都有这样的想法。于是，他们看到有趣的内容时，便会毫不犹豫地选择分享，无论它是一部好玩的电影，一个有创意的想法，还是一件有趣的商品。企业的产品或者活动设计得有趣、足够吸引用户，自然就能激励用户主动分享了。

2. 产品有用

有用的产品自带价值，好音乐、好电影、好书籍都会使用户产生分享需求。一款对用户来说好用的软件或者产品，同样也会促使他们积极地分享。因此，在产品的介绍部分多备一个分享按钮，减少用户分享的思考成本和操作路径，也是增加流量的一个小技巧。

3. 提供互动谈资

如果一个内容能为用户及其朋友提供互动谈资，或者触及用户的内心，使其有表达的需求，那么用户自然愿意分享。

比如支付宝一年一度的年终账单，对人们在这一年中的消费情况做个总结，不仅能让用户看到自己的总支出，还能让用户看到自己在各个方面的支出占比情况；QQ20周年的轨迹测试，触及用户群的情怀，容易让人联想到读书时代、QQ游戏、踩一踩等场景，从而引发用户自我传播；微信官方开发“2016微信公开课PRO版”，用户在微信中打开活动分享链接，就可以查看自己注册微信的日期、第一个微信好友、第一条朋友圈动态、好友的数量、走路的步数等，这戳中了人们的回忆，使用户产生了共鸣，并积极地分享。

此外，具备社交属性的个性测试、人物测试等，比如“测测你的情商有多高”“测测你是×××里的谁”，也往往能引起用户的广泛传播。

4. 体验后分享

人们在体验一个产品或参与一次活动后往往处于情绪的顶点，或者难过，或者兴奋激动，此时，人们也愿意将信息分享给其他人。这就像我们去一个地方旅游，喜欢通过“打卡”的方式在微信或者微博进行分享一样。

因此，企业如果可以在用户进行体验后提供一个分享入口，或者添加一个分享提示，用户就会很自然地去分享了。

5. 具备实时分享需求

有些产品有较强的动态服务能力，具备能被实时分享的功能，这种功能需求就算是“刚需”了。比如，有道云笔记出于办公需求而开发的协作功能服务，滴滴出于人身安全需求的考虑而提供的车程功能服务，等等。

如果你的产品也具有较强的动态服务能力，就可以考虑开发相关的功能，那么用户在使用此功能时就会进行一次裂变分享。

产品本身的内容和价值才是王道，用户之所以愿意分享，主要是因为对产品的认可。因此，企业要从打磨产品的核心功能出发，挖掘产品的核心价值或特色功能，通过社交分享将其放大，真正让用户的分享行为进化到裂变、自传播的阶段。

当然，产品的核心功能达到或者超出用户的预期后，如果可以再搭配一些奖励性的文案，就能更好地激励用户去分享。

App裂变：流量模式下的高效拉新

目前，大部分的营销活动都要依靠消费者的互相推荐，裂变式传播就是这种形式的典型表现。因此，企业要有效地利用市场的杠杆力量，激发一系列的连锁反应，为企业带来更多的用户与粉丝。

App裂变的形式主要有5种，分别是老带新裂变、优惠券裂变、砍价裂变、团购裂变、分享福利裂变。

1. 老带新裂变

流量裂变的本质就是依靠老客户带来新客户，而激励老客户主动带来新客户的最有效也最常见的手段就是提供拉新奖励，即老客户将活动信息分享给没注册过账号的新人，当新人成功完成注册后，老客户与新客户都能获得奖励。这种基于技术裂变的拉新手段，可以为企业带来持久、有效的转化效果。比如神州专车的“邀请有礼”活动，就是依靠这种裂变形式实现高效拉新。

2. 优惠券裂变

用户在完成一次消费后，会收到相应的红包或者优惠券，用户可以将这个优惠券分享给多个好友，好友点开后就可以获得一张金额随机的优惠券。通常来说，这种优惠券都是用户愿意去分享的，美团、饿了么等App就经常使用这种优惠券裂变的方式吸引用户去消费。

3. 砍价裂变

砍价裂变更注重社交性，好友在社交平台上参与一次点击，就可以帮助邀请者获得相应的折扣或者助力，这种优惠会促使用户积极主动地裂变，将信息分享给自己的好友或者社交群。

有些平台推出的帮忙砍一刀、助力加速等就是这种裂变的体现形式，而且用户在砍价或加速几次后还可以通过再次分享获得更大的助力，这就可以鼓励用户继续裂变更多的社交圈，使裂变的效果达到最大。

4. 团购裂变

团购裂变即用户发起拼团任务，邀请好友参与拼团，然后一起以低价购买产品。通常来说，主动用户在看到平台的低价与福利刺激后，会主动将信息分享到社交平台；而被动用户会因为觉得便宜并且确实需要这些产品而参与拼团，或者再次将这个链接分享给自己的社交群中可能会购买这些产品的人，从而助力裂变，促进拼团的成功。

团购裂变可以让用户通过分享获得让利，每个用户都能成为流量的中心，将这些信息通过裂变的方式分享给自己社交圈中的朋友。对于用户来说，自己可以以更低的价格完成购买，获得优惠；对于平台来说，这不仅提升了用户的黏性，刺激了用户的活跃度，还能收获更多的用户，从而让买卖双方都获利。

5. 分享福利裂变

对于一些虚拟产品，一些App会通过用户分享给予用户一定的福利。比如喜马拉雅的“分享免费听”，原本付费的节目，用户通过分享就可以免费试听。这种裂变既给用户带来了福利，又能吸引更多的潜在用户。

毫无疑问，裂变式营销可以为企业带来更多的流量，但是在目前的流量时代下，也暴露出了一些问题。

现在越来越多的商家都在使用这些裂变营销的方式，但是由于存在高度同质化、缺乏创意等问题，用户逐渐出现了审美疲劳，分享的积极主动性也逐渐下降。因此，无论采用什么形式的裂变营销，企业都要结合自己的产品特征进行改进，让优惠方式既好玩有趣，又有足够的吸引力促使用户去分享。

微信裂变：低成本的获客之道

微信是目前用户数量多、使用频次高、使用时间也非常多的平台。企业如果想要以低成本收获微信优质流量，通过微信裂变的方式为企业开发的App或者产品导流，可以采用以下几种方法。

1. 文字分享裂变

用户可以在微信上复制一段文字进行分享，比如淘宝、天猫的口令，用户可以先复制，再进入对应的App中打开，从而绕过微信的屏蔽机制，实现裂变式营销。

同样以文字信息作为分享载体的是通过邀请码来分享。用户通过复制、粘贴邀请码而进入某个App中，或者点击下载App的链接。

2. 图片分享裂变

在读图时代，通过图片进行分享裂变往往能取得不错的效果。毕竟，图片比文字更能吸人眼球，而且，好看、有趣的图片本身就能促使人们转发分享。企业可以结合产品的特色设计出精美或有趣的图片，并在图片中植入二维码链接、App名称、LOGO等元素，这样，用户在分享图片时就相当于在为企业宣传产品，这就可以达到裂变的目的。

除了分享静态图片，企业还可以开发动图制作功能，让用户可以截取GIF动图，比如优酷视频、腾讯视频等已经开发出了这一功能，便于用户截取有趣的画面。

当然，在设计图片时也要基于产品的卖点与延伸功能来深挖用户的痛点，结合好友关系链来设计裂变图。

3. 音频分享裂变

分享音频到微信中，用户可以直接点击播放，但用户如果退出当前的界面，就无法继续收听，因而使用感并不是很好。而且，用户只有打开App才能查看完整的歌词，对于喜欢听音乐的人来说，他们很可能就会因为别人的分享而去专门下载这个App，这就可以实现裂变的效果。

4. 小程序分享裂变

现在越来越多的App平台都已经在微信上开发了小程序，对于用户来说，这无疑省了很多事。当用户要用到这个App时，只要搜索微信中的小程序就可以进行相关的操作，免去了下载App等烦琐流程。用户在用完之后直接退出，手机就会跳转到微信的正常页面，这让用户可以用完即走。

而且，当用户要将某个小程序分享给其他人时，其他人也可以直接打开，操作流程更简单有效。

5. 网页链接分享裂变

网页链接分享也是比较常见的一种裂变方式，大多数网页分享都以H5落地页作为载体，用户在微信中点击分享页面就可以进入该场景页，缩短流量转化的路径。而且，在用户阅读的过程中，网页链接中也会提示打开相应的App，比如“打开百度App阅读全文”“去百度App听”等。当用户对这些网页链接的内容感兴趣或者觉得有价值时，就可能被导流到相应的平台。

用微信裂变的方式进行企业品牌或者产品的推广，成本要远远低于传统的推广方式的。而且，通过社交平台的口碑传播，企业获得的美誉度会更高。当然，企业也可以对裂变的素材进行创意性的设计，使其更符合裂变的内容需求，更能激发用户的社交分享欲望，从而使裂变取得事半功倍的效果。

关心留存，提高老用户的活跃度

很多用户第一次使用产品的场景其实是很被动的，可能是因为免费才试用一次，或者因为朋友推荐才决定试试看看，也可能是偶然间心血来潮。于是很多用户在用过一次之后就离开了，并没有成为产品的真正用户。不管是由于注册流程太烦琐，还是由于产品无法满足用户的期望，“用户来了又走了”的这种现象就足以说明该用户并没有成为产品的真正用户，而这也正是大多数企业都面临的难题。

在经过裂变拉新之后，企业好不容易获得了一些用户，可是如果这些用户不够活跃，成了沉睡用户，那么企业前期的努力也就白费了。因此，提高这些用户的活跃度，让用户成为产品的忠实用户也是企业不可忽视的一个重要方面。企业可以从以下几个方面来进行产品运营，以达到刺激用户持续留存的效果。

1. 积分

我们对积分都不陌生。去商场买衣服、去超市购物，通常会员卡中都会累计积分，当积分达到一定的额度时，我们就可以享受某种优惠。很多App也都推出了积分功能，通常用户在这个App上所花费的时间和精力越多，积分也就越高。

比如支付宝积分。用户可以通过到店支付、扫码付款、公交地铁出行、生活缴费、手机充值、信用卡还款等来获取支付宝积分，然后将其用于兑换各类权益及产品。

这些用积分兑换物品的活动就是让用户感觉得到了实惠，从而达到流量留存的目的。

2. 成就

成就可以显示出用户使用这个产品所取得的进步，通常用勋章、徽章、证书的形式来展现。

通常来说，这些成就可以向用户展示出这个App可以做什么，而且这些成就也是用户的一种虚拟身份的象征，是对个人历程的一种肯定，用户可以通过获得的成就向别人展示自己的能力。

比如支付宝的“蚂蚁森林”就是利用证书的玩法来打造用户的成就感与身份标签。用户可以在支付宝里养一棵虚拟的树，通过步行、地铁出行、在线缴纳水电煤气费、网络挂号、网络购票等行为，减少碳排放量，获得能量，使树生长。当这棵树长大后，公益组织、环保企业等蚂蚁生态伙伴们，就“买走”用户在蚂蚁森林里种植的虚拟树，而在现实中的某个地域种下一棵真正的树。用户通过这些方式，参与到环保项目中去，当成功解锁某个环保项目时，就可以获得相应的环保证书。

悦跑圈为了鼓励用户参与运动，激发用户参与挑战的积极性，推出了各种运动勋章，比如3km里程勋章、5km里程勋章、半马勋章、全马勋章等，这也间接增加了用户的在线时长。

3. 排行榜

排行榜是营销中经常运用的一种手段。比如很多游戏都会设置排行榜，激起用户的挑战欲望。我们常用的微信运动也设置了排行榜，这个排行榜的设置除了可以激起用户的攀比社交心理外，还可以让用户每天查看自己在好友中的步数排名以及好友每天的步数，并通过点赞的方式达成互动。

当然，设置排行榜是为了激励用户，而不是削弱他们的士气。因此，排行榜的设置要有活跃度，比如尽量让每个用户都能通过自己的努力成为排行榜冠军，从而提高用户对产品的黏性，激发用户的驱动力。

此外，能够引起用户共鸣的文案和有吸引力的活动也能引起用户的注意，让他们不再置身事外，而是积极主动地参与其中。用忠实的老用户来带动这些新用户，引发裂变分享，也可以提升用户的活跃度。因此，企业可以结合实际情况以及产品的特征，选择恰当的关心留存方式，突破流量的瓶颈，将更多的用户转化成产品的忠实用户。

第十一章

跨界合作，让流量价值最大化的营销策略

跨界合作现在已经成为品牌合作营销中十分常见的策略，尤其是在流量时代的风口，品牌之间的跨界营销能为双方的品牌带来更强的核心竞争力和更多的用户流量。

跨界并不是任意两个品牌的简单联合，而需要品牌之间具备一定的共性，从而抓住目标消费群体的眼球与注意力，使双方的联合可以碰撞出激烈的火花，实现流量价值的最大化。跨界的本质是高效率整合低效率，通过互换并整合优势资源，消除信息的不对称性，打破以往的市场界限，使商业营销的模式更高效，也使企业获得更高的市场份额和更好的品牌传播效果。

跨品牌联合：丰富品牌内涵

现在品牌之间的竞争越来越激烈，品牌跨界合作是强强联合的好机会。这能够丰富品牌的内涵，扩大品牌的市场范围，既能给企业和消费者带来全新的视角，也能让品牌双方获得1＋1＞2的效果。

而且，品牌的跨界合作向消费者传达出这样一个信息：我们的品牌是具有开放性的，可以接受变化，会朝着更为新鲜、丰富的方向发展。在年轻人成为消费主力的时代，品牌所传达出来的信息正符合这些年轻人的消费理念。

2017年，一向“高冷”的LV和潮流圈的Supreme合作推出了联名款产品，产品范围除成衣外，还涵盖钥匙链、手机壳、滑板、帽子、围巾和手袋等一系列热门单品。这些商品引发了7000多人连夜排队，全球明星追捧，买手疯抢热炒，一夜便刷爆了社交平台朋友圈。

一个经典尊贵，一个张扬个性，LV与Supreme的跨界合作本身就是一次流量对冲的吸引年轻消费者的方式。

Supreme作为潮流品牌，本身就有大批年轻有态度的粉丝，而这次与LV合作推出的联名款也让这些粉丝相信这些作品是有态度的，是懂他们的。年轻群体不再单纯地追求稀缺性，他们开始关注定制化和能够让人产生消费体验之外的有价值提升性的产品。

而LV作为高端奢侈品牌，通过与Supreme这个年轻潮牌合作，也吸引了很多年轻消费者。过去的奢侈品牌的主要消费者是30~45岁的中产阶层，而如今LV的消费者以20多岁的年轻人为主。在目前老顾客的购买力逐渐减弱，年轻人的购买力不断增强的市场环境下，LV无疑做出了一个正确的决策，顺应了市场的变化。

当然，品牌跨界合作的最终目标是达成销售，实现品牌推广与销售的双赢，因此，只有让双方品牌在有了曝光量的同时也能有成交量，才算是成功的跨界合作。

在如今的时代，跨界似乎已经成为一种潮流。为了满足市场上更多元的需求，为了给消费者带来更好的购物体验，跨界似乎也离不开创新。

优衣库与KAWS的跨品牌合作堪称最经典的跨界合作案例。

优衣库联合KAWS:SUMMER推出系列联名T恤。这些联名T恤，是以美国嘻哈艺术家KAWS创作的经典作品作为模板的。

优衣库与KAWS的联名款在网上出售时，瞬间就售罄。在线下的优衣库实体店，消费者为了早点儿买到联名款，也大多彻夜排队。商场一开门，一群人就冲向店面，迅速把摆在店铺中的货抢空。

在以往，KAWS设计的款式都是售价极为高昂的奢侈品，而优衣库的产品定价基本稳定在百元之内，其相比原版的款式具有超高的溢价空间。对于优衣库来说，这是提升整个企业品牌形象的契机。

在优衣库发售KAWS联名T恤的那段时间，KAWS的搜索指数在短短一周内冲上了高峰。这是KAWS在中国第一次走进主流视野。

每个品牌都有自己的粉丝，品牌所传递出来的调性也清晰可辨。品牌跨界的精髓在于互相借用对方累积的品牌资产，为自己的品牌调性带来新的元素。

在当今流量时代下，消费者会接触到很多具有相似特性的品牌，而品牌跨界联合可以给不少品牌吃下一颗“定心丸”。两个品牌通过强强联合可以共享用户资源，在降低成本的同时提升沟通效率，抢抓对方消费群体的眼球，从而实现以较小的代价创造神奇效果的目的。

从消费者的角度去考量，更立体、多元、丰富的体验也有助于唤醒和刺激他们的不同兴奋点，满足消费者多方面的需求。

契合共性，寻找合适的品牌资源

“跨界”代表着一种新锐的生活态度与审美方式的融合。品牌跨界合作可以让原本毫不相干的元素相互渗透、相互融合，从而带给品牌一种立体感和纵深感。

但不是任意两个品牌都可以随意融合，如果两个品牌的定位与调性不一致，那么随意融合不仅难以取得好的效果，还会对双方的品牌产生不利的影响，从而影响品牌的进一步发展。

品牌的跨界营销也要注重“门当户对”，即选择合作的对象要与企业自身实力相匹配，要拥有相关的受众消费群体，还要有一致的发展理念。通常来说，跨界的两个品牌之间可以有很大的差异，往往品牌之间的跨度越大，合作所取得的成绩就越明显，也越能取得好的效果；但同时也应该存在两个共性特征，即消费群体与发展理念要一致。

1. 消费群体要一致

每个品牌都有一定的消费群体，这些群体在一定程度上都有着鲜明的特征。而作为跨界合作的两个品牌，如果想要达到营销的目标，就要拥有一致或者重复的消费群体，这样营销的目标定位人群就很明确。即使两个品牌的跨度比较大，所处行业不同，产品也不同，但是由于消费群体的一致性，跨界合作的双方有着相同的群体诉求，在合作时也会共同打造适合这类消费群体的跨界产品，从而引发产品的流量热潮。

2. 发展理念要一致

品牌作为一种文化的载体，体现着消费群体的文化等诸多方面的特征。进行跨界合作的双方品牌在内涵上有着一致或者相似的诉求点，才能在跨界营销的实施过程中达到让人由其中一个品牌联想到另一个品牌的效果，从而使两个品牌之间相互关联，品牌的跨界联合也会显得理所当然，毫不违和。

在品牌跨界合作营销上，红牛和地下城与勇士合作的“这就是我的FIGHT”活动就是一次成功的营销。

2016年，DNF（地下城与勇士）奥运季活动在里约奥运会即将开幕之际上线，红牛联合地下城与勇士举办了“这就是我的FIGHT”活动。

玩家可以在暗黑城广场的红牛罐装饮料处购买游戏称号以及功能饮料，“红牛勇士”称号和红牛饮料都可以提升一定的属性值，让玩家获得游戏加持。除了购买红牛特色产品外，玩家在DNF红牛专题页面购买红牛产品，还将获得DNF专属礼包，享受丰厚的游戏福利。

此次的联合活动，斗鱼、战旗、熊猫等七个直播平台总观看次数达860万，红牛官方微博曝光量超过160万，通过第三方传播的总曝光量达1005万。

从消费群体来看，DNF的游戏用户大多是有梦想、有激情的青年，而这也正是红牛最核心的用户群体，因此，红牛可以在游戏里与用户进行连接。这种品牌合作的关联性和互动性植入就显得很和谐，不会给人格格不入的感觉。

从发展理念来看，DNF作为一款经典游戏，它在不断发展中逐渐形成的FIGHT精神，让游戏形成了突破自我、绝不放弃的发展理念，更具有鼓舞人心的感召力。而一直将“你的能量超乎你想象”作为宣传语的功能饮料红牛，展现出来的则一直是突破自身、创新求变的理念。

可以说，DNF与红牛，两者虽然所属行业领域不同，但品牌的主旨却非常一致。红牛的“能量”“激情”与“超越自我”等概念与竞技类游戏的精神高度融合，从而在用户群体之间搭起了一个互通的桥梁，深化了两个品牌在消费者心中的形象。

因此，企业在考虑进行跨界合作时，需要充分地了解对方企业的品牌定位与产品特性，从而找到其中可以契合的共性，找到双方的结合点，使双方的联合可以碰撞出激烈的火花，抓住目标消费群体的眼球与注意力，引起消费者的好奇与关注，进而实现品牌效应的叠加，达到品牌价值的提升。

遵循互补原则，突破行业格局

跨界营销是为了让双方都能在产品或者品牌认知度上有所提升，通过互惠互利的合作形式借势推广，吸引更多的潜在用户，从而使双方都能获得更多的用户流量，实现品牌效应的叠加。这就要求进行合作的两个品牌在优势与劣势方面进行相互补充，将各自的市场人气和品牌内蕴转移到对方品牌上或者实现传播效应的互相累加，来提升跨界合作的整体影响力。

而且，进行合作的品牌之间要不具备竞争性，如果品牌之间存在竞争，那么合作很可能会产生此消彼长的效果，所谓的营销也只能算是行业联盟了。

因此，跨界合作的两个品牌，在产品属性上要具备相对独立性。合作不应该是对各自的产品在功能上进行相互的补充，而是产品本身就能够独立存在。合作应该是一种基于共性和共同特质的各取所需。

每一个品牌都诠释着一种文化或者一种方式、理念，但是由于产品特征单一，或者受到竞品的影响，品牌的文化或理念难以很好地传达出去。而跨界营销可以使品牌之间相互补充、相互衬托，使两个品牌都能发挥出各自的效果。

春纪与洽洽跨界合作推出的瓜子脸面膜，成了2019年第一款火到爆的跨界护肤单品。

在2019年三八妇女节期间，春纪与洽洽合作，一举拿下天猫“天生CP”资源。

瓜子脸面膜宣传的瘦脸功效深入人心。微博预热话题#胖子也能拥有瓜子脸#、#瓜子脸面膜#引发了热烈的讨论，隔着屏幕都能感受到大家对瓜子脸的渴望。

作为广东丸美生物技术股份有限公司旗下的子品牌，春纪主要面向大众化妆品市场，专注食材养肤，致力于打造食品级的护肤产品。此次，春纪与零食界的大佬洽洽瓜子跨界合作，让用户相信瓜子脸面膜是两个品牌认真、用心打造出来的精品。

这款产品在包装设计上延续了洽洽瓜子红袋包装的经典形象，让网友大呼“瓜子”“面膜”傻傻分不清楚。而这种经典包装的创新运用提升了跨界新品的亲民感、乐趣感和可信赖感。

三八妇女节期间，春纪与洽洽的联名款礼盒，全网售罄。

一个是深受年轻人喜爱的食材护肤品牌，一个是经典零食品牌，美妆品牌牵手休闲食品做跨界营销，两个互补性品牌之间的相互诠释，能够让消费者主动去了解品牌的形象与内涵，也减轻了传统营销模式下品牌“单兵作战”所受到的外界竞争品牌的影响，从而可以以低成本、高效率的方式提高年轻消费者的黏性，提升品牌的影响力。

春纪与洽洽的跨界营销，既巧妙地结合了两个品牌的特征与优势，又抓住了用户的痛点。在这背后，体现的不仅是联名品牌产品的优良品质，还有品牌联名对消费者的带动力。

可以建立跨界合作关系的品牌，一定是具有互补性，而不是竞争性的品牌。企业要想进行跨界合作，就要找到适合的合作品牌，发挥各自的优势，利用某些元素将两个品牌紧密地连接起来，通过互补的方式产生共振效应，进而实现品牌之间的资源互换。

市场竞争日益激烈，各个行业间的界限也在逐步被打破。跨界营销作为一种比较新的营销模式，通过两个不同品牌之间的相互映衬、诠释，可以实现品牌由平面到立体的转换，让用户从被动接受转为主动认可，对合作的品牌双方都大有益处。但企业如果想要获得更多的用户流量，关键还在于要引起用户的共鸣。不论是形式上的创新，还是线上线下的多渠道联动传播，融入了情感的、走心的内容或产品，还是能赢得用户的好感，从而提升品牌的发展张力的，这对合作的两个品牌都大有益处。

跨界合作的四种方式

跨界合作有多种方式，不同的品牌选择的合作方式往往也会有所不同。而要最大化地获取流量，品牌之间的合作就不能仅仅停留在创意合作的表层，而应该朝着更深层次的合作发展。

通常来说，跨界合作有四种方式，分别是创意活动合作、植入内容合作、产品与技术合作和订单交易合作。

1. 创意活动合作

跨界合作的两个品牌联合想一些创意、举办一些活动，这是最常见的合作方式，也是很多品牌都采用的合作方式。一般来说，如果品牌之间的创意契合点足够巧妙，活动足够有吸引力，就会带来更多的流量与关注。

知乎为了推广新上线的“知乎知识市场”，以“钱，都应该花在刀刃上”为主题，联合六大热门品牌（网易云音乐、饿了么、马蜂窝、网易考拉海购、天猫、链家）制作文字海报。

网易云音乐×知乎：在网易云音乐里发现力量，在知乎知识市场里找到信仰。

饿了么×知乎：点饿了么喂饱肚子，点知乎喂饱脑子。

马蜂窝×知乎：用马蜂窝查攻略去看远方，用知乎学知识去追理想。

网易考拉海购×知乎：用网易考拉海购花自己的钱宠爱自己，用知乎付费咨询花自己的钱为自己解惑。

天猫×知乎：用天猫过上理想中的生活，用知乎成为理想中的自己。

链家×知乎：挑更好的房子去链家，挑更好的知识来知乎。

纯色的海报背景，切合各自品牌特征的文案，让知乎的这一波宣传收获了不少的流量与好评。

2. 植入内容合作

从创意活动合作的角度来说，如果品牌之间没有更深入的合作，很可能会使品牌合作的整体性弱化。品牌双方借助创意点植入内容进行合作，可以达到互相推广各自的品牌的目的，从而获取更多的流量，实现利益共享。

3. 产品与技术合作

产品与技术合作，通常指的是产品入口级的合作。比如将某产品在某个平台中展示，便于用户在使用该平台时顺便购买该产品，从而获取流量，增加订单。

太平鸟和饿了么跨界合作，推出了联名款服装，包括外套、针织衫、长裤等。太平鸟还在饿了么平台上开了名为“太平餐厅”的店铺，用户在饿了么上搜索“太平鸟女装”就能找到相关门店；用户下单购买后，30分钟内就可以收到货。

太平鸟和饿了么的跨界利用了渠道合作的特殊性，太平鸟借助饿了么平台私域流量的排他性，更利于让用户精准消费。

4. 订单交易合作

跨界合作最深入的方式，就是订单交易合作，即两个品牌进行内部成单交易和订单分享。

神州专车与华为合作，华为推出的P系列、Mate系列手机中都有神州专车的预装出行软件。为了提高用户的定向转化率，提高整个App的使用激活率，神州专车还向华为用户定制版App里单独赠送了300元券包。

在神州专车之前，华为的所有高端手机都没有预装出行软件，神州专车选择与用户基数非常大的华为合作，无疑会率先抢占这部分用户。

当然，企业进行跨界合作时可以从这几种方式中进行选择，因为有些合作方式可能并不适合有些企业的产品或者品牌。根据品牌行业属性的不同，跨界合作也应有相应的差异。

流量互洗，扩充流量资源

流量互洗指的是企业在组织了多轮营销活动后，依靠品牌自身的力量已经很难再进行流量的吸引与客户的深度挖掘。在这种情况下，企业就可以依据自身品牌的需求，联合其他企业进行跨界合作，从而将双方企业的流量互换，使双方都获得更多的流量，挖掘到更多的用户，实现平台价值利用的最大化。

有些企业可能会担心找不到可以进行跨界合作的企业或品牌，难以通过这种方法来获取更多的流量。其实，企业只要有一些基础的流量，比如微信流量、产品流量等，就可以有选择性地和同量级的其他企业进行交换，毕竟这是一个双赢的合作方式，其他企业也愿意双方联合。

企业的跨界合作是一个循序渐进的过程，当搭建了稳定的合作渠道后，就可以不定期地举办一些营销活动，使双方企业的优质资源得到积累与互换，从而形成合作的生态闭环，最终达到提升双方品牌影响力、降低成本、增加收益的营销目的。

拉面说携手999感冒灵进行的跨界营销，就玩出了新花样，不仅提高了品牌曝光度，还打造出了暖心的品牌形象。

拉面说联合999感冒灵跨界推出了“暖心鸡汤”联名礼盒。

这款联名礼盒的外观采用999感冒灵经典包装的设计思路，以绿、白、黄、黑配色，给人一种熟悉感。

联合打造的两款鸡汤拉面，分别是“虫草花鸡汤”和“草本猪肚鸡”的口味，既营养又美味。而且，还推出了创意限定周边，包括手机防滑贴、简易手账本、茶包等。

在很多用户看来，泡面都是没有营养的，而拉面说的定位一直是高端方便面，致力于做出方便、健康、高端的速食产品；999感冒灵的广告语“暖暖的，很贴心”又深入人心，产品甚至已经成为许多人防治感冒的首选。

而且，拉面说还从情感营销的角度，通过营造失恋、独居、加班和生日等多个场景，利用直戳用户痛点的画面和文字，促使用户建立起与品牌的情感共鸣。

针对失恋人群，“以胃的满足感，疗愈失恋的意难平”；针对独居人士，“以胃的满足感，来调味单调的一人世界”；针对加班的场景，“以胃的满足感，治愈深夜加班的疲乏”；生日时，“以胃的满足感，填补特别日子的孤单”。

一碗热腾腾的拉面，似乎就能治愈所有的不开心。

拉面说借助999感冒灵所具备的“健康”特性进行信任背书，又借助其品牌标语为自身的形象加持。“暖暖的，很贴心”是999感冒灵的宣传标语，而拉面同样也给人热腾腾的感觉，符合“暖暖的”这一宣传口号；其次，作为速食食品，拉面可以在短时间内让用户享受到美食，可谓“很贴心”。

借助此次的跨界合作，拉面说提升了知名度，为用户送去了惊喜，从而强化了受众认知，收获了一批忠实用户。而999感冒灵也借助此次合作，进一步深化了用户对品牌的记忆，提升了品牌的暖心形象。

品牌跨界营销，大多是通过品牌元素的相互融合，用人气叠加的方式，来达到1＋1＞2的效果。在这个注重流量的时代，跨界营销也可以实现更快速、更低成本、更高效的流量获取和增长突破。

2018年3月，顺丰为员工定制了耐克Shield系列服装，包括一件上衣和一条裤子。上衣左侧印有顺丰的LOGO，右侧则是经典的耐克“对勾”。这看似简单的服装不仅具有防风、防水、透气等功能，肩部还配置着类似3M的反光贴条，可以提高送货的安全性，而且看起来时尚范十足。

这次品牌联名既宣传了耐克服装的品质，又使顺丰顺利地登上了微博热搜榜，提升了双方的品牌形象。

意想不到的两个品牌联合在一起，本身就具备一定的吸引力，让人们在好奇心的驱使下被吸引目光；而且，年轻人本身就有尝新猎奇的心理，不同品牌的跨界恰好可以改变人们对某些品牌的固有印象，加深人们对品牌想要传达的理念的理解，也能引发人们的想象与讨论。因此，品牌跨界联合往往能吸引不少年轻的受众，使品牌得以通过流量的互洗扩充流量资源，进而实现品牌价值的提升。

跨界要慎重，别让流量带走销量

在流量越来越受重视的时代，跨界营销也备受品牌企业的关注，很多企业都想通过跨界营销来宣传良好的企业形象、提升企业的影响力、提高企业的美誉度。尤其是在品牌年轻化成为趋势的当下，进行多元化的跨界合作已经成为众多企业的首选。但并非只要跨界就能成功，如果忽视了跨界营销的本质与要点，企业之间的跨界合作不仅难以取得1＋1＞2的效果，反而还会对双方的企业产生不利的影响。

可以说，跨界是趋势，是机会，但同样也是考验。如果企业对跨界营销失去敬畏之心，认为只要两个品牌合作就算是跨界，那么最终的结果只能是失败。

企业在做跨界营销时，一定要慎重地选择合作对象，多多考量合作中的细节以及风险，避免踏入跨界的陷阱。

通常来说，企业在进行跨界合作时要注意以下几点。

1. 避免浮于表面

跨界合作会给人一种“强强联手”的感觉，通过两个品牌的联合来不断提升用户的体验，从而满足不同用户的需求。但是要让两个品牌真正地融合起来其实并不容易。有些品牌跨界会浮于表面，不成系统，没有深度，导致后期的营销操作难以跟上；而前期的营销虽然取得了一些效果，却也只是短暂的收获，无法让企业与品牌在跨界营销中完成沉淀。

企业要全方位、多角度地去思考，从不同行业、不同产品的用户定位出发，挖掘出流量时代的特征，踏踏实实地执行营销方案，将短期的销量增长与品牌知名度的提升都考虑进去，建立一种可持续的营销互动机制。

2. 避免忽视核心需求

每个产品都有自己特定的消费群体，这些消费群体的需求通常会存在差异，但是核心需求基本上是一致的。因此，如果想要让跨界营销取得成功，企业就要把握住消费群体的核心需求，将企业跨界联合推出的产品变成这些消费群体心中的必需品，来满足这些用户的需求。

明确了用户的核心需求，企业就可以生产出符合需求的跨界产品，也为跨界营销注入新的活力。

3. 不要偏离核心竞争力

核心竞争力指的是企业整合各种资源和各方面能力的方式，是企业在长期经营中所形成的独特的、动态的能力资源，也是企业保持可持续竞争的优势所在。

两个企业的跨界合作并不是简单的业务延伸、拓展业务面，而是将各自的核心竞争力进行融合，进而创造新的商业模式与盈利增长点，形成新的核心竞争力。这种新的核心竞争力会为用户提供更独特的价值，给用户更多的选择。

因此，企业一定要认识到核心竞争力的重要性，不要偏离了核心竞争力。

4. 慎用炒作

炒作能让企业在短期内吸引不少流量，这是毋庸置疑的，娱乐圈、商业圈都常用炒作的方式来宣传。但是从品牌的长远发展来看，如果缺乏实质性的内容，只是借炒作来吸引流量，那么最终不仅不能说服消费者买单，反而还会影响品牌的声誉。

此外，企业跨界还要充分地尊重消费者，不要违背消费者的习惯和心理感受。比如啤酒品牌与胃药进行跨界营销，会让消费者产生一种矛盾心理，导致销量难以上升。

跨界是一把双刃剑，企业要打破固有思维，把握好跨界营销的方向与主题，在遵循品牌核心价值的基础上，继续挖掘本品牌与合作品牌的其他价值，以便更好地迎合消费者的需求。一旦跨界产品可以让双方品牌的定位用户产生“我需要”的想法，那么跨界就算是成功了。

后记

POSTSCRIPT

随着流量的爆发，营销成本与获客成本也不断提高。新的媒介平台仍然在逐年增加，用户接触到的各种信息越来越多，用户的精力和注意力都被分散了，要实现拉新转化也变得越来越困难。

在移动互联网时代，企业要注重拉新，更要注重用户的留存。流量之争是商战的永恒主题，但不要使赢得流量的过程浮于表面，而要看到流量之争的本质：企业争的是流量，更是用户的信任。

要做好流量营销，关键是要具备流量思维，改变固有的思维模式，适应时代的发展，与时俱进地创新营销方式。

本书参考了近几年一些优秀的市场营销案例，并结合多名营销人员的实践经验，力求尽可能完整地为读者提供一套系统、有效的流量营销方案。当然，书中难免有偏颇之处，敬请读者见谅。